从个性潜能识别到学业述评

上海市实验学校的校本化实践

陆如萍◎著

上海社会科学院出版社
SHANGHAI ACADEMY OF SOCIAL SCIENCES PRESS

图书在版编目（CIP）数据

从个性潜能识别到学业述评 ：上海市实验学校的校本化实践 / 陆如萍著. -- 上海 ：上海社会科学院出版社，2025. -- ISBN 978-7-5520-4695-3

Ⅰ. G632.47

中国国家版本馆 CIP 数据核字第 2025CU7121 号

从个性潜能识别到学业述评——上海市实验学校的校本化实践

著　　者：陆如萍
责任编辑：路　晓
封面设计：徐　蓉
出版发行：上海社会科学院出版社
上海顺昌路 622 号　邮编 200025
电话总机 021－63315947　销售热线 021－53063735
https://cbs.sass.org.cn　E-mail:sassp@sassp.cn
照　　排：上海碧悦制版有限公司
印　　刷：上海龙腾印务有限公司
开　　本：710 毫米×1010 毫米　1/16
印　　张：15
字　　数：202 千
版　　次：2025 年 3 月第 1 版　　2025 年 3 月第 1 次印刷

ISBN 978-7-5520-4695-3/G・1402　　定价：75.00 元

序 言

在当今教育改革浪潮迭起的时代背景下，学生的个性化成长与全面素质培养受到了前所未有的关注。一贯制学校，作为横跨不同教育阶段、深度融合教学管理的创新模式，正以其连贯性、整体性和系统性的独特优势，逐步成为促进学生个性化更好发展的平台。在此背景下，如何精准识别学生的个性潜能，并在此基础上构建科学合理的学业述评体系，成为深入提升教育质量、促进学生全面跃升的关键命题。

当前学生发展需求愈来愈为多样化，传统单一的评价模式已难以适应学生多元化、差异化的成长需求。因材施教，不仅要求教育者深刻洞察每位学生的潜能所在，更需借助科学有效的述评机制，最大限度地激发学生的内在潜能。一贯制学校在此背景下，不仅要扎实学生的学科知识基础，更要通过多元化、多维度的评价手段，帮助学生挖掘自身优势，跨越学习障碍，铺设个性化的成长路径。

上海市实验学校，作为上海市区域学业述评项目的标杆学校，其在个性潜能识别与学业述评领域探索出了许多成功经验。该校确立了“全程、全样本”评价理念，将评价融入学生学习的每一个环节，通过构建个性发展跟踪体系，借助先进的科技平台和多元化的评价机制，实现了对学生个性潜能的长期、动态监测。尤为值得一提的是，该校不仅关注学生的学业成就，更通过心理测评、兴趣调查、学科表现追踪等多元化手段，深入挖掘学生的内在潜能，为学生提供更加精准、富有个性化的成长支持。

在这一过程中，我的博士研究生陆如萍及其研究团队凭借深厚的学术积淀与实践经验，引领团队不断探索学业述评的新路径，将学校实践与理论研究紧密结合，构建了一套成熟、科学的学业述评体系。在这一体系的支撑下，教师能够基于日常观察与数据记录，结合多学科教师的反馈，精准识别学生的潜能，并提供个性化的成长指导。

本书聚焦于"一贯制学校的实践"，以上海市实验学校为生动案例，深入剖析了从个性潜能识别到学业述评实施的全过程。通过对个性潜能多样性与发展性的深入探讨，揭示了学业述评如何在尊重个体差异的基础上，实现科学、公平、客观的评价。书中提供的具体策略与样例，旨在为中小学教师提供实践操作的指南，帮助他们更好地理解学生的成长需求，从而在教学实践中实施更加灵活、多元、个性化的评价策略。

作为如萍的导师，我为她这本著作的出版由衷高兴。本书不仅能够为学校管理者、教师提供实用的操作手册，也将会给教育理论研究者开辟新的思考空间。未来关于学生评价的研究，仍然需要探索以个性潜能为基础、结合学业述评进行精准教育干预的新路径。我坚信，通过本书的实践经验与理论探索，能够为推动中小学学生评价的创新与进步贡献一份力量。

北京师范大学教育学部　苏君阳

2025 年于闻一斋

目录

第一章　缘起

随着教育理念的不断革新，个性化教育已成为当前全球教育改革的核心议题之一。如何在尊重学生个体差异的基础上，促进每个学生的全面发展，已成为教育工作者和政策制定者关注的重点。本章旨在探讨个性化教育的背景和意义，重点分析个性潜能识别与学业述评在现代教育中的作用。通过对上海市实验学校的校本化实践的研究，系统阐述个性化学业评价的理论依据和实践路径，揭示个性化学业述评对学生成长的深远影响。

第一节　个性化教育：尊重个性，挖掘潜能

随着社会的进步和全球化趋势进程加快，教育的目标和手段正在发生深刻的变化。特别是在 21 世纪的知识经济和创新驱动背景下，培养具备创新精神和多元能力的个体成为教育的主要目标。与传统的教育模式相比，个性化教育更加注重学生的独特性，旨在挖掘和发挥每个学生的潜力。这种教育理念在世界范围内得到了广泛认可和推广，尤其是在我国的教育改革中，个性化教育逐渐成为主流方向。

中国政府在《国家中长期教育改革和发展规划纲要（2010—2020年）》中明确提出，教育应“关心每个学生，促进每个学生主动地、生动活泼地发展，尊重教育规律和学生身心发展规律，为每个学生提供适合的教育”①。这一纲要强调了“因材施教”的重要性，倡导教育应尊重学生的个性特点和成长规律，做到既关注学生的共性发展，又注重个体差异。随着教育观念的转变，越来越多的教育工作者意识到，单一的学业成绩评价体系已经难以适应新时代的需求，必须构建多元化的评价体系，以适应学生多样化、个性化发展的需要。

---

① 国家中长期教育改革和发展规划纲要工作小组办公室.国家中长期教育改革和发展规划纲要(2010—2020 年)[EB/OL].[2010-07-29] 中华人民共和国教育部政府门户网站 (moe.gov.cn).

个性化教育的核心在于尊重和发展学生的个性,关注他们在认知、情感、社会能力、创新意识等多个维度的全面成长。在基础教育领域,我们认为,个性化教育的实施需要具备四个前提条件。首先,必须识别并尊重学生的现有个性,这包括学生的兴趣、天赋、学习风格和情感特质等。其次,必须为学生提供充足的教育资源和物质条件,以支持其个性化发展。在学校场域,表现为要以学生为中心,关注每个学生的兴趣、需求和学习风格。充分利用现有环境空间、教育技术工具和平台,为学生提供个性化学习资源和环境。再次,遵循学生成长和发展规律,进行差异化教学和持续评估。教师能根据学生的能力和进度调整教学内容和方法,以满足不同学习者的需求,并通过定期评估学生的学习进展和评述学生的学业表现,及时调整教学策略和目标。最后,教师需建立有效的反馈系统,帮助学生了解自己的学习情况,鼓励自我反思和改进。

只有在尊重和了解学生个性特点的基础上,结合适当的教育资源,建立良好的师生关系,促进信任和沟通,才能为个性化学习创造良好的环境,才能真正实现个性化教育的目标,促进学生在智力、人格和社会适应等方面的全面发展。

第二节　办学理念新诠释:尊重个性差异,发掘个性潜能

一、珍视个性差异

上海市实验学校(以下简称"上实")是一所集教育、教学、科研为一体的市级实验性、示范性学校,直属上海市教委。学校自 1987 年建校

以来，秉承“尊重个性差异，发掘个性潜能”的办学理念，致力于通过合理的教学过程组织，提早打开学生智慧的闸门，开展教育整体学制改革实验，实施小学四年、初中三年、高中三年的十年一贯弹性学制。学校积极探索拔尖创新人才早期识别培育的有效路径和实施策略，以“十年一贯的特殊学制、独树一帜的课程体系”为抓手，开展长周期的学生个性潜能开发的理论与实践研究。在持续三十几年的教育综合改革实验中，学校始终坚持通过科学、专业的研究工具识别、分析了解学生的个性特点，尊重学生的个性差异，为其提供个性化学习支持，促进学生实现个性化的卓越发展。

“尊重个性差异，挖掘智慧潜能”这一办学理念的核心是深刻认识并尊重每一个学生的独特个性并深入挖掘其内在智慧潜能。个性是每位学生独一无二的灵魂印记，它驱动着学生探索世界的不同路径；而智慧潜能则是他们内心未被发掘的宝藏，等待着教育的钥匙去开启。通过珍视个性，我们鼓励学生展现自我，勇敢追求自己的梦想与兴趣，为学生的全面发展奠定了坚实的基础。

同时，我们的办学理念在于打破传统教育模式的束缚，不再仅仅聚焦于分数的竞赛，而是将目光投向了学生潜能的无限可能。我们相信，每个学生都有其独特的天赋和才华，值得被细心呵护与精心培育。这种创新性的转变，意味着教育不再是单一维度的跑道，而是多元化发展的广阔天地，让学生在适合自己的领域里自由翱翔。

尊重个性差异是指学校要认识到并接受每个学生在性格、兴趣、能力、学习方式等方面的不同，并在此基础上采取相应的行动和态度。以下是对尊重个性差异的几个理解层面。

第一，认识和接纳走进校园的每一个独一无二的学生。教师要认识到每个学生都是独特的，有不同的背景、经历和天赋。接纳这些差异是尊重个性差异的前提。

第二，平等对待每一位学生。尊重个性差异意味着平等对待每个人，不因他们的性别、种族、文化、宗教、能力或任何其他个人特征而有所偏见。在教育教学中注重培养同理心，尝试从他人的角度理解世界，这有助于更好地尊重和理解个性差异。

第三，护长容短，鼓励多样性。在学校环境中，尊重学生个性差异意味着创造一个包容的环境，让学生都感到被接纳和尊重，无论他们的背景如何。教师避免标签式地对学生进行刻板印象的判断，而是根据学生客观实际情况来认识和评价他们。尊重个性差异也意味着鼓励多样性，认为多样性是班级团队的宝贵财富，可以带来创新和不同的视角。学校强调"护长容短"，即在教育中不仅要发挥学生的优势，还要包容他们的不足之处，以培养出创新型人才。

第四，为所有学生提供选择性课程和展示舞台。在现有资源和条件下，为学生提供课程选择的机会，让学生能够根据自己的偏好和需求做决定。教师为每位学生提供个性特长展示的舞台。在教育领域，尊重个性差异意味着根据每个学生的特点和需求提供个性化的教学和支持，帮助他们发挥最大的潜能。

尊重学生个性差异是学校开展教育教学的前提，它确保每个学生都能在公平的环境中竞争和发展，不因个性差异而受到不公正的待遇，同时也有助于促进创新、提高教育教学效果。

二、点亮智慧潜能

在实践层面，我们注重办学的实用性和针对性，通过个性化教学计划和丰富多样的课外活动，精准对接每位学生的个性化需求。无论是科技探索、艺术创作，还是体育竞技、社会服务，我们都力求为每位学生提供展现自我、提升能力的舞台。这样的办学模式，不仅满足了学生的个性化成长需求，更在无形中提升了整体教育质量，让每一名学生在快乐中学习，在成长中绽放光彩。

在基础教育领域，上实教师们始终走在前列，他们深知每个学生都是独一无二的个体，拥有无限的潜力等待被发掘。为了更好地激发和培养学生的潜能，学校进行了一系列的探索和实践。

第一，学校实行独一无二的小学四年、初中三年、高中三年的十年一贯弹性学制，允许学生根据个人情况提前或延后毕业，以适应不同学生的成长节奏。

第二，自建校以来，学校一直坚持科研立校，教师十年如一日坚持跟踪观察记录学生个性特点和在校行为，参加学生个性潜能识别与培育长程跟踪研究项目，旨在通过科学的方法和个性化的教学策略，发掘和培养学生的智慧潜能。学校通过多种方式和多方主体协同努力，包括学生自身、同伴、教师、家长和学校，以期对学生个性潜能的丰富性形成更为全面且深入的认识。

第三，学校在个性化课程的建设上进行了积极的探索和改革，构建了"核心—学养—特需"三类课程体系，旨在整合各方资源创造条件，让所有学生的优势潜能得到充分发展。通过核心课程提高学生潜能发展的关键能力，通过学养课程满足学生潜能多向度的需求，通过特需课程拓展个体学生不定向的特长发展。

第四，在教学方式变革上，学校近年来着力聚焦探索个性化、差异化教学。从识别学生潜能，到引导学生提出个性化学习需求，同步为学生提供个性化支持，变革教学方式，依据学生个性特长指导学生设计学习内容。

第五，学校打造了一支能够识别学生潜能并进行有效引导的教师队伍，以促进学生的全面发展。教师从教学者转变为研究者，综合应用观察、倾听、描述等方式，更为立体地、丰富地呈现每一个学生的成长形象，发现每一个学生内在蕴藏的发展力量。

第六，学校为学生提供多元化学习空间的做法也体现了学校对学生个体差异的尊重和对教育环境的深刻理解。学校自 2015 年开始推进“美丽校园计划”，通过整体规划和渐进实施的模式，打造满足学生多样化学习需求的感知空间，包括不同楼层、不同区域围绕不同主题，如科学教育、心理健康教育、艺术教育等进行设计，以及设计多种形状、不同形态的课桌椅，为师生根据不同教学活动灵活调整提供可能。学校为学生提供自主学习研究室，至于特需得到认可的学生，他们可以有自己的办公桌、电脑，灵活安排学习方法和空间。

第三节　教师综合能力评价：实验学校评价体系的革新探索

学校评价改革是推动教育质量全面提升和师生共同发展的核心动力。在这一进程中，教师评价与学生评价的改革犹如双轮驱动，紧密相连，共同推动着教育评价体系的不断完善。在国家教育评价改革的宏观背景下，上实积极响应有关要求，基于个性潜能识别研究的深厚基础，开展了一系列具有校本特色的教育评价改革实践。

教师评价与学生评价是教育评价改革的两大核心要素，两者相辅相成，互为支撑。因此，学校构建了教师教学述评体系，以提升教师的教学质量和专业素养，还深入探索了学生个性化成长路径，旨在实现学生的全面发展。同时，学校在学业评价方面也进行了大胆尝试，力求实现评价的科学性、公正性与可操作性。这一系列改革实践不仅丰富了中小学教育教学评价理论的价值内涵，更为当前教育改革提供了宝贵的实践经验与示范效应，为其他学校提供了可借鉴的范例。

一、构建“五课”制基石：教师教学能力评价的实践与探索

教师评价改革是提升教学质量、激发教师潜能的关键举措，其中

“五课”制度作为核心策略，为教师成长搭建了多样化的平台。新到教师汇报课旨在帮助新入职教师迅速融入教学环境，理解并掌握学校的教学文化和要求。新教师在入职初期需精心准备一堂汇报课，全面展示其教学准备、课堂管理以及对学生学习需求的精准把握。课后，通过同行评议和导师点评的双重反馈机制，新教师能够获得具体而深入的改进建议，从而在反思中不断成长。

青年教师展能课则侧重于激发青年教师的教学潜能，鼓励他们在教学方法上勇于创新。青年教师需根据给定的研究主题，设计并展示一堂富有个人教学特色的课程，评估时重点考量教学设计的创新性、学生参与度和教学效果。这一制度为青年教师提供了展示自我、挑战自我的舞台。

对于中青年教师，学校鼓励他们根据自身专业背景和兴趣，开发特色课程，如跨学科融合课程、项目式学习等，以此挖掘并推广他们的教学专长，形成个性化教学风格。通过校内公开课、在线课程平台等多种展示平台，中青年教师的教学成果得以广泛传播，促进了教学资源的共享与交流。

资深教师示范课则充分发挥了资深教师的引领作用，传承了宝贵的教学智慧。学校定期邀请资深教师开设示范课，展示他们深厚的教学功底和丰富的教学经验。青年教师通过旁听学习，不仅能够汲取资深教师的教学精髓，还能促进教学经验的传承与交流，形成良好的教学氛围。

此外，班主任竞技课以提升班主任的班级管理和心理健康教育能力为目标。围绕班级文化建设、学生心理辅导、家校沟通等主题，班主任们通过竞技课展示各自的班级管理策略和成效。评价标准不仅关注班级氛围和学生参与度，还重视家长反馈等多维度评价，从而全面评估班主任的工作成效，推动班主任队伍的专业成长。

二、铸就教师研究之魂:以教师述评为核心的研究能力评价探索

教师教学述评内容包括教师的教育理念、教学方法、教学策略、教学效果以及学生的学业发展状况等多个方面。[①] 教学述评内容更注重教师对学生学业发展的陈述,教师在分析每个学生学业发展情况的基础上对教学理念、教学方法、教学手段等进行反思与评价。教师基于以上系统性的述评活动,实现专业成长与自我反思,提升评价能力。教师教学述评中对于学生学业发展情况的述评则以个性跟踪记录为基石,详细记录的学习进展、特长发展及心理变化,为教师提供了丰富的述评素材,同时也为精准评价学生提供了可能。

在优势潜能述评环节,教师需深入研读学生档案,细致分析学生的优势潜能,并结合自身教学实践撰写述评报告。这一过程不仅要求教师具备敏锐的观察力和判断力,更促使教师在评价中不断学习和成长,提升对学生潜能的识别与激发能力。

同行互评与自我反思环节是教师提升评价能力的关键步骤。通过与同事的交流与互评,教师能够学习到不同的评价视角和方法,拓宽评价思路,提升评价的全面性和准确性。同时,自我反思促使教师深入剖析自身教学实践,明确评价中的不足与改进方向,从而在不断的实践中提升评价能力。

为了进一步强化教师的评价能力,学校还提供了全面的培训与支持。通过定期参加教师述评技巧、教育研究方法等方面的培训,教师能够学习到先进的评价理念和方法,提升专业素养和研究能力。此外,案例分享与交流活动也为教师提供了宝贵的实践经验,促进了评价能力的共同提升。

---

① 朱忠琴.教师教学述评的内涵、价值和实践路径[J].人民教育,2023(2):43—46.

教师述评体系的构建不仅促进了教师的专业成长与自我反思，更通过系统的述评活动、全面的培训与支持以及丰富的实践机会，显著提升了教师的评价能力，为学校整体教学质量的提升注入了新的活力。

三、点亮师者德行之光：以全员导师制为载体的教师育德能力考评

全员导师制作为提升教师育德能力的重要载体，为教师在学生德育发展中的全面指导和个性化支持提供了有效平台。在这一制度下，每位教师都需担任导师角色，关注学生的学业、品德、心理等多方面的成长。因此，教师的育德能力显得尤为重要，它涵盖了学生管理能力、心理疏导能力、家校沟通能力以及道德教育能力等多个方面。

为了全面提升教师的育德能力，学校构建了“全员导师制”，规定了导师制的实施原则和基本要求，建立师生个性化的指导关系，确保每位导师都能深入了解自己的学生，并提供针对性的指导。同时，开展多样化的德育活动，如主题班会、社会实践活动等，引导学生在实践中体验和感悟道德的力量，综合提升教师的德育实践能力。

为了加强教师的育德能力建设，学校还提供定期的培训和支持，包括专家讲座、案例分析等，引导教师不断探索和实践有效的德育方法。通过这些举措，以全员导师制为载体的教师育德能力评价将能够更好地促进教师的专业成长，为学生的全面发展提供有力保障。

在评价体系方面，面向全员导师制，学校建立科学合理的教师育德能力评价体系，包括学生评价、同事评价、家长评价等多个维度，确保评价的全面性和客观性。此外，学校也将评价结果作为教师绩效考核和晋升的重要依据，激励教师不断提升自身的育德能力。

全员导师制的引入和实施，进一步强化了教师的育德能力。在这

一制度下,教师不仅关注学生的学业成绩,更重视学生的品德教育和心理健康,通过全方位的指导和个性化的支持,为学生的成长提供了坚实的保障。这一制度的实施,不仅提升了教师的育德能力,也促进了教师在育德实践中的创新和探索。

综上,学校通过一系列措施的实施和教师评价改革的深入进行,全面考查教师的专业素养、教学能力、育德能力等多个方面,推动教师综合素养的不断提升。这种综合性的评价方式,不仅有助于教师全面认识自己的优势和不足,明确成长方向,还促进了教师评价改革的深入进行,为教师的个人发展和学校的可持续发展奠定了坚实基础。从实施成效看,学校采取的系列举措在提升教学质量、促进教师专业成长、关注学生个性化发展以及提升教师综合素养等方面取得了显著成效,为学校的长远发展注入了新的活力。

第四节　学生评价:从学业评价走向学业述评

在传统的学业评价体系中,学生的表现往往被简化为考试成绩和分数排名。这种评价方式主要关注学生对课本知识的掌握程度,通过定期的测验、期中考试和期末考试来评估学生的学习成效。虽然这种评价方式在一定程度上能够反映学生的学业水平,但它往往忽视了学生在创新能力、团队合作、道德品质等非知识领域的发展。因此,传统的学业评价在全面评价学生综合素质方面存在明显不足。

然而,随着国家对人才的需求不断变化,传统的学业评价方式已经难以满足新时代对人才的需求。当前,社会不仅需要具备扎实专业知识的人才,更需要具有创新精神、实践能力和良好品德的复合型人才。因此,评价方式的变革势在必行。国家层面已经多次强调要改革考试招生制度,推动评价方式多元化,以更好地适应人才培养的新需求。这一变革不仅是对传统教育模式的挑战，更是对新时代教育理念的践行。

为了响应国家人才培养需求的变革，学生评价方式正在从评价知识向评价素养转变。综合素质学业述评作为一种新型评价方式，旨在全面、客观地评价学生的综合素质。它不再仅仅关注学生的学习成绩，而是更加注重学生的创新精神、实践能力、道德品质、团队协作等方面的表现。通过综合素质学业述评，我们可以更加全面地了解学生的发展状况，为他们的个性化成长提供更加精准的指导。这种评价方式的转变不仅有助于培养学生的全面素质，还能更好地适应未来社会对人才的需求。

我校的学生评价改革，在响应国家人才培养需求的大背景下，正逐步深化并展现出显著的成效。改革具体措施体现在以下几个方面：

一是纸笔测验正经历着从单一机械化向情境化设计的深刻变革，旨在全面考查学生运用知识解决实际问题的能力。这一转变不仅要求学生掌握并灵活运用知识点，还促使教师提升命题技巧与教学质量，通过参与命题技巧研讨会、情境教学案例分析等教师专业发展活动，确保评价内容既符合教学大纲要求，又能真实反映学生综合素质。学校更以纸笔测试命题改革为突破口，开展教学评价改革教师展示课，强调从教学到命题再到试卷分析的全链条教评一致性，以此推动教育评价体系的持续优化与创新，适应学生成长与时代发展的需要。

二是注重学生评价的多角度、多主体化。我们认识到，单一的教师评价难以全面、公正地反映学生的真实水平和发展状况。因此，我们引入了同学互评和家长评价，形成了教师、同学、家长共同参与的评价体系。这种多元化评价方式不仅增强了评价的客观性和全面性，还促进了家校合作，让家长更加了解孩子的学习状态，同时也鼓励了学生之间的相互学习和自我反思。

三是在教育评价体系的进一步改革中，我们正经历着从注重结果评价向注重过程性评价的重大转变。这一转变的核心在于强调对学生学习过程的持续记录和动态评估，通过日常作业、课堂表现、项目实践等多种方式全面收集学生的成长数据，形成增值评价。这种评价方式不再仅仅聚焦于最终的学习成果，而是更加珍视学生在学习过程中的努力、进步和变化，鼓励他们在每一个学习阶段都能有所收获，不断实现自我超越。近年来，学校特别注重学业述评的运用，通过细致入微的评价反馈，体现了评价的人文关怀和温度，进一步促进了学生的全面发展和个性化成长。

通过这些改革措施的实施，我校的学生评价体系正逐步走向科学化、全面化，为培养具有创新精神和实践能力的复合型人才奠定了坚实的基础。未来，我们将继续深化评价改革，不断探索更加符合时代需求和学生特点的评价方式，为学生的全面发展保驾护航。

教师评价改革与学生评价改革正成为教育领域的重要议题，而学业述评作为两者的交汇点，通过全面记录学生的学习过程与成果，既体现了对教师教学效果的准确评估与教师专业发展的要求，又促进了对学生全面发展和个性化成长的关注，实现了两者在推动教育质量提升上的相互促进与共同发展。

第五节　学业述评：教师评价与学生评价的和谐交汇

2020 年 10 月，中共中央、国务院印发的《深化新时代教育评价改革总体方案》[①]（以下简称“方案”）明确提出：探索建立中小学教师教学述评制度，任课教师每学期须对每个学生进行学业述评，述评情况纳入教师考核内容。作为教育评价改革中一项新的政策性举措，方案中只提出要探索建立述评制度，也没有规定对学生进行学业述评的方法和路

① 新华社.中共中央　国务院印发《深化新时代教育评价改革总体方案》[EB/OL].[2020－10－13] https://www.gov.cn/gongbao/content/2020/content_5554488.htm.

径，这就给予了地方和学校实施过程中探索的自由，有利于实践创新。在“组织实施”部分，强调创新评价工具，利用人工智能、大数据等现代信息技术，探索开展学生各年级学习情况全过程纵向评价、德智体美劳全要素横向评价，完善评价结果运用，综合发挥导向、鉴定、诊断、调控和改进作用。

“教师教学述评制度”“学业述评”是基于本土化的教育实践和“时代性”的教育需求而提出的一种新的评价制度和新的评价方式，既反映了新时代教育评价改革的新要求，也是对中小学教育教学评价改革的方向性指导，是直指学生学业评价中存在的现实问题而进行的改进探索。

学业述评作为教师评价改革与学生评价改革的交汇点，通过全面记录学生学习成果与过程努力，不仅促进了教师教学效果的精准评估与个性化指导能力的提升，也强化了对学生全面发展和个性化成长的关注。它成为连接两者、推动教育质量提升的桥梁，既助力教师专业素养与教学能力的进步，又引导学生清晰认知自我、制订个性化学习计划，实现自我超越。

一、学业述评：国家、区域实施现状

以“学业述评”为关键字，在中国知网、维普网、万方三大数据库共下载 2020 年后发表的学术期刊论文 26 篇，其中提及“学业述评”的国家政策类文本 1 篇；专家、学者解读“学业述评”的内涵、概念、意义、价值类文章 7 篇；区域、校级层面构建学业述评框架 6 篇；实施建议 1 篇；学科教学实践，涵盖数学、语文、特殊教育、科学、作业、思政课 11 篇，专注该话题研究的有刘绿芹等学者。

学业述评作为一种新的评价方式，是指任课教师对一段时期内学生学业的进展情况和达成状态进行的质性描述和评估活动。[①] 这种评价方式建立在细致观察、共同协商和深入分析基础上，是一种综合性评价、描述性评价。学业述评的目的在于帮助教师有效地向学生反馈学业发展信息、学业发展期望与学习指导建议，了解教师对学生的学业发展评价、学习活动指导、学业发展反馈的期望与建议等信息。[②]

相较于传统学业评价重视对学业成就的量化评估，学业述评更关注与此有关的学生个性特点、兴趣、动机、情绪情感特征、自我效能感等[③④]，反映学生学习过程中更全面、具体、客观的情况，为教师改进课堂教学和指导学生提供充分依据，为学生的学业学习提供有效的改进建议，也有助于挖掘学生的优势潜能，促进其充分发展。刘绿芹提出，学业述评是促进学生从被动改进走向深度学习的过程，从分段切割走向连续迭代式学习，从获得知识走向提升素养的过程。[⑤] 可以说，学业述评是对传统学业评价方式的有力补充，它能够更好地实现以评促教、以评促学。

在当前新课程、新教材推进实施的教育改革的大背景下，学业述评的重要性和必要性日益凸显。学业述评不仅关系到学生的个人发展，也是教育质量保障的关键。教师对学生进行学业述评不仅能够为学生提供个性化的学习反馈，帮助学生明确学习目标，激发学生学习兴趣，而且也为教师收集、提供教学改进的依据，促进教师教育教学方法的创新。此外，学业述评还是实现教育公平、推动教育改革的重要手段。

在国内，学业述评的实施仍处于探索阶段。研究者认为，日常教学活动的评语，包括课堂表现反馈、日常作业和阶段性考试后的评语，以

---

① 孙晓翠.新时代教育评价改革背景下中职学校学生学业述评研究[D].济南：山东师范大学，2024. DOI:10.27280/d.cnki.gsdsu.2024.001521.

② 钟铧，钟立华，徐立明. 学业述评：概念、缘由、制度与认识误区[J]. 基础教育研究，2023(09)：24—26，36.

③④ 刘荣飞，王洁. 学业述评：概念框架、现实挑战与对策建议[J]. 全球教育展望，2023，52(06)：38—48.

⑤ 刘绿芹，李润洲. 学业述评：日常学生评价的理性追求[J].中国教育学刊，2022(09)：32—39.

及学期末的操行评语等都蕴含着学业述评的元素。然而，学业述评更加侧重对学生的发展性指导。在具体教学中，可以尝试按照"学业基础—存在问题—建议措施—进阶路径"的路径对学生进行学业述评，关注处于不同学习阶段的学生的需求。[①] 此外，也有研究者尝试建立学业述评的操作程序，认为学业述评的开展大体需要以下几个步骤：确立基本原则、选取学业目标、建立指标体系、拟定评价方案并编制述评范例、实施评价方案。有研究者通过挖掘学生学业个性化的认知特征，利用人工智能中的自然语言生成技术，构建面向学生学业述评的智能生成模型。学校开展学业述评必须明确学业述评的指导思想、目的、性质、内容、类型、程序、监督、考核、频次、结果使用等。[②] 薛琪等建议学校层面推进学业述评，要把学业述评落实到任课教师的日常工作之中，构建多维合理的评价指标体系，组织学业述评专项培训，让教师充分认识到评价素养和评价能力在教师专业发展中的重要性，并将学业述评纳入教师考核，进而探索具有校本特色的学业述评制度。[③] 可见，若想保证学业述评的顺利推进，区域和学校层面的引领行动至关重要。

区域层面上，上海市教委将"分层分类建立教育评价制度"纳入"上海教育现代化 2035"的重大项目，强调"实现学生发展的多元评价……实现学生跨学段、跨学校的持续记录……继续推行和完善综合素质评价"。在 2020 年《深化新时代教育评价改革总体方案》颁布后，上海市将浦东新区、奉贤区等作为述评工作的试点区，将教学述评作为推动区域教育综合改革发展的契机，以教学改进和教师专业成长为目标，在项目推进的过程中，改变传统流程式评价，融合优化提升教育教学管理水平，提升教师的评价素养，引导教师潜心育人的评价制度更加健全，更

① 刘绿芹. SOLO 分类理论视阈下的学业述评路径探索[J].基础教育课程，2022(07)：63—71.

② 钟铧，钟立华，徐立明. 学业述评：概念、缘由、制度与认识误区[J].基础教育研究，2023(09)：24—26，36.

③ 薛琪，张新平. 对教师撰写学生学业述评的认识与建议[J]. 中小学管理，2022(02)：54—56.

好地促进学生的成长和发展。

浦东区委、区人民政府发布的两个相关重要文件——《浦东新区深化新时代教育评价改革行动方案》和《浦东新区全面深化教育领域综合改革示范区建设方案(2021—2025 年)》,在“中小学教师评价”板块,都明确提及“教学述评制度”,措辞与国家级文件相比,更加下沉到学校,给予学校更大的创新权、探索权,明确提出“鼓励学校结合实际探索并创新述评方式”。由浦东教育发展研究院王丽琴领衔的“学业述评试点校制度创新”项目,遵循理论建构—制度创新实践—迁移应用的行动路径,从区域层面对推进学业述评改革进行顶层方案设计,初步构建学业述评的要素框架,组织 10 所中小学开展试点实践。① 我校于 2023 年被选为上海市教育科学研究一般项目“全员导师制背景下教师学业述评要素建构和校本制度创新研究”的项目校。2024 年,由本校课题组申请的“基于学生个性跟踪记录的学业述评实践研究”被立项为浦东新区教育科学研究区级重点课题,研究从原先的关注学生个性、创新潜能识别,推进到数据应用、落实教学阶段。

二、学业述评:实验学校的评价新探索

随着教育改革的不断深化,从国家层面到区域层面,教育评价最终的实施还是要落实到校级层面。在实践场域建立科学、合理的述评体系已成为推动教育高质量发展的重要课题。

目前,学术界对学业述评的研究仍处于起步阶段,现有研究成果也较为零散,尚未形成成熟的理论指导体系。目前国内大部分学校对于开展学业述评的准备也尚不充分,尤其学科教师对于学业述评的认识仍较为陌生,对其概念内涵、操作流程、价值功能等方面的理解都容易

① 曹鑫,王丽琴.学业述评改革的区域项目设计与校本化实践[J].浦东教育,2024(3):10—15.

出现误区，学校也缺乏规范专业的学业述评操作制度，使得实践推进具有较大难度。

从本质上看，学业述评是基于教师对学生深度了解和分析的质性评价方式。它要求教师在与学生充分沟通和协商的基础上，按照相应的维度对学生的学习态度、核心素养和习惯方法进行质量描述，并给出评价结果和学习建议。[①] 因此，高质量的学业述评要求教师全面客观地掌握每个学生的真实表现数据，并科学、合理、有效地反映学生在校期间的真实情况。

在此背景下，上实通过分析和探索学业述评的理论与实践，力求为教育评价体系的完善提供新的思路和借鉴。秉承"尊重个性差异，挖掘智慧潜能"的办学理念，上实在建校三十多年以来的教育教学整体改革实验中，坚持学生个性记录，并开展相关实证研究。个性记录要求教师在日常教学中留心观察学生的行为表现，并对反映学生个性特点的真实行为表现随时随地地进行记录和评价。从纸质记录到数字化平台记录，从初始的简单记录到后来的按照指标归类记录，学校的个性跟踪记录系统已历经了四个阶段的发展。现在使用的第四代基于移动端的个性跟踪记录系统，在记录指标、记录功能、数据分析等方面做了优化升级。个性记录指标体系主要依托个体的心理特征分类建构，包含认知、情绪、人格三个方面，共 9 个一级指标，49 个二级指标。个性跟踪记录系统投入使用至今，已积累了大量能够客观反映学生在校行为、学习表现的真实数据，可以为达成高质量学业述评提供坚实的数据基础。因此，学校基于个性跟踪记录系统，尝试探寻学科教师进行学业述评的实施路径，在学校层面探索教师学业述评制度的建立，引导教师转变教育评价观念，提高教师学业述评的能力。

在国家教育评价改革的背景下，上实开展了一系列的校本化教育

---

① 刘岚. 小学教师学业述评现状调查与策略研究[D]. 沈阳：沈阳师范大学，2023. DOI：10.27328/d.cnki.gshsc.2023.000141.

评价改革实践，基于个性潜能识别研究基础，构建了教师教学述评体系。学校通过整合教育理论与实际教学经验，尝试探索出一条符合学生个性化成长需求的路径，并在个性潜能的多维度识别、学业评价的科学性与可操作性等方面进行了深入的探索，拓展中小学教育教学评价理论价值，在实践层面先行先试，为当前教育改革提供了宝贵的经验与示范效应。

在理论层面，学校以学生个性跟踪记录数据为依托，聚焦于学业述评的实践探索，建立了学科适用的学业述评指标体系，完善学业述评的理论体系，丰富和深化教育评价的理论基础；同时，探索学业述评的学科实践路径和学校层面的制度建立，推动教育评价体系的创新和完善，使之更加适应新时代教育发展的需要。

在实践层面，学校基于学生个性发展的课题研究基础，结合学生个性跟踪记录，采用学业述评方法进行探索。借助学生个性跟踪记录，开展学业述评，教师根据每个学生的特点为其量身定制学习计划，提供更具针对性的学习建议，最终帮助学生提高学业成绩，促进其全面健康成长。

本章详细探讨了个性化教育的背景、理论基础以及实践中的挑战与机遇。个性化教育的实施不仅依赖于先进的教育理念，还需要基于数据的多维度评价体系、教师的专业能力提升以及有效的协同育人机制。

在本书后续几章，将继续系统性探讨个性化教育理念的具体化与实施路径。通过对学生学业述评的研究，厘清其在实践中的关键要素，尤其是个性潜能识别与学业述评的关系。通过对个性化学业述评体系的探索，构建多角度、多维度的评价方式，帮助教师更加全面、精准地了解学生的个性特征及其在学习过程中的表现，为个性化教育提供科学的依据。

第二章　个性潜能的内涵及实践

在教育的广阔天地里，每一个学生都是独一无二的存在，他们带着各自的个性潜能，在学习与成长的道路上探索前行。本章将深入探讨个性潜能的理论及其实践应用，旨在为我们理解和发掘学生的内在潜能提供一把钥匙。个性潜能不仅仅是学生个体之间的差异所在，更是他们成长与发展的内在动力。通过深入了解个性潜能，我们能够更加全面地认识每一个学生，为他们量身定制最适合的成长路径。

本章将聚焦于个性潜能的识别方法与工具。从早期的观察量表到现代的数字化平台，上实不断探索更加科学、高效的识别手段。个性跟踪记录系统的迭代升级，提高了教师记录与分析的效率，更为精准地诊断学生的个性问题，为教育教学提供了有力的支持。在此基础上，进一步阐述学校个性潜能识别的实践及成效。通过丰富的案例与数据分析，我们将看到，当教育真正关注学生的个体差异，尊重他们的个性潜能时，所激发出的学习动力与创造力是惊人的。

第一节　个性潜能的内涵

纵观近二十年来个性化教育的理论发展和实践探索过程，尽管目前已经取得了突出的成效，但不同学校对于个性化教育中“个性”这个关键词的理解，却是见仁见智，且直接影响着学校个性化教育的实施策略。

在哲学意义上，个性指某事物不同于其他事物的差异性，以及共性与个性的共存和辩证关系。[①] 从心理学视角看，个性指个体在心理活动过程中所表现出来的，具有一定倾向性的心理特征的总和。[②] 个性的内涵丰富，不仅包括个体的心理素质，如能力、气质、性格、兴趣、爱好等，

① 刘彦文，袁桂林. 个性化教育的内涵与特性浅析[J]. 教育评论，2000(4)：16—18.

② 彭聃龄. 普通心理学（修订版）[M]. 北京：北京师范大学出版社，2001.

还涵盖了个体的社会特征，如道德观念、价值观等，这些特征在一定程度上决定了个体如何与环境互动以及如何被社会认知。有教育学研究者提出，个性具有唯一性、不可重复性、独特性和不可取代性，以及自我性，强调了个性的特征。[①] 教育学中的个性是指个体在生理素质和心理特征的基础上，在社会实践活动中，通过一定社会环境、家庭和学校教育等因素的影响，在生理、心理和社会性等方面所形成的一系列较稳定而持久的独特性特征的结合，是由独特性、主体性、整体性、稳定性、可塑性和社会性等特征所构成的有机统一整体。[②] 在教育领域，个性的培养被视为教育的核心目标之一，旨在促进学生全面发展的同时，尊重和发挥每个学生的独特性。

个性潜能是指个体在生理、心理、行为等个性特征方面所具有的潜在能力，这些能力在适当的条件下可以被激发，并对人的其他能力、行为产生重要作用，是个性化教育关注的核心要素。个性潜能与个体心理密不可分，个体心理包含心理过程和心理特征两个方面。其中心理过程是指客观事物的作用下，心理活动在一定时间内发生、发展的过程，通常包括认知过程、情绪情感过程和意志过程三个方面；心理特征是指心理活动进行时经常表现出来的稳定特点，通常表现在能力、气质和性格上。

个性化教育关注的是作为一个完整个体的学生，学校要根据学生的个性差异、需求和潜能，量身定制教育内容和教学方法，故个性化教育中的“个性”应该既包含个体在认知、情绪情感等心理活动过程中表现出的特点，比如独特性、灵活性、敏捷性，也包含个体在实践活动进行中所表现出的能力、气质和性格等方面的稳定特点。因此，在个性化教育的事件中，学校要首先落实对学生个性潜能的识别，才能为具体的个性化教学实践提供参考依据。

---

① 冯建军. 论个性化教育的理念[J]. 教育科学，2004(2):11—14.

② 崔瑞锋，田东平. 个性化教育及教育思想观念的转变[J]. 教育探索，2004(6):49—51.

第二节　个性潜能识别方法与工具

上海市实验学校自建校以来，就秉承“尊重个性差异，挖掘智慧潜能”的办学理念，坚守“开发潜能，发展个性”的实验目标，一直在进行个性化教育的实践探索。在持续三十几年的教育综合改革实验中，始终坚持通过科学、专业的研究工具识别、分析、了解学生的个性特点，尊重学生的个性差异，为其提供个性化学习支持，促进学生实现个性化的卓越发展。

一、个性跟踪记录系统

在建校以来的教育教学整体改革实验中，上实三十年如一日坚持学生个性记录，并开展学生个性特点记录与分析的实证研究。个性跟踪记录系统是一个服务于学生个性潜能发展的教师评价的工具。个性记录要求教师在日常教学中留心观察学生的行为表现，并对反映学生个性特点的行为表现随时随地地进行记录和评价。从纸质记录到数字化平台记录，从初始的简单记录到后来的按照指标归类记录，我校的学生跟踪记录系统已历经了四个阶段的发展。

第一阶段始于1988年（图2-1），我校开始对学生个性进行记录，并希望通过对学生个性的分析与培养，来探索开发潜能、培养个性的实施策略。但初始的记录较为随意，记录的类别也较为简单，包括学生的抱负、求知欲、坚持性、独立性、好胜心、自我意识六方面，从维度的划分而言并不全面，而且这种较为随意的记录方式呈现出的数据较难分析，并不能很好地为培养策略的提出奠定基础。同时，教师在观察之初缺乏科学、系统、详细的观察指向，使得观察不够深入、切入点不够准确，不能很好地反映学生表现出的个性特点。

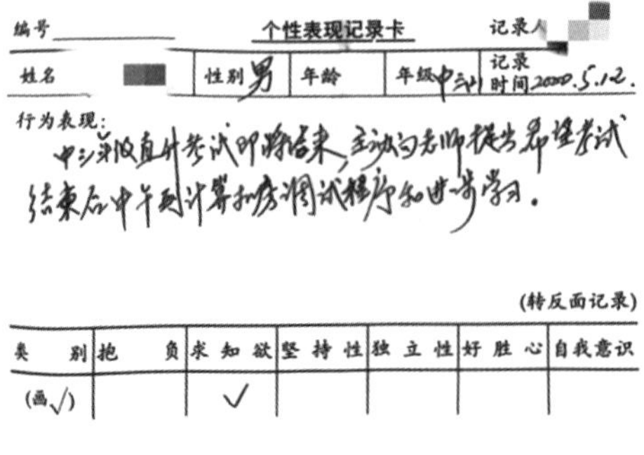

编号________ 个性表现记录卡 记录人

姓名		性别 男	年龄	年级 中三(1)	记录时间 2000.5.12.

行为表现：

中三年级直升考试即将结束，主动向老师提出希望考试结束后中午到计算机房调试程序和进一步学习。

（转反面记录）

类别	抱负	求知欲	坚持性	独立性	好胜心	自我意识
（画√）		√				

图 2－1　个性卡第一代

基于以上原因，我校教师展开大量研究，借鉴国内外对学生个性特点观察的研究，制定出适合实验学校学生的观察量表，使得观察有理可循，记录更为科学，反思更为深刻，看到现象背后的实质。此为学生个性记录演变的第二阶段（图 2－2）。该阶段的记录方式仍以纸质方式进行，数据采集和分析受制于语言识别和分析技术，使用效率比较低。

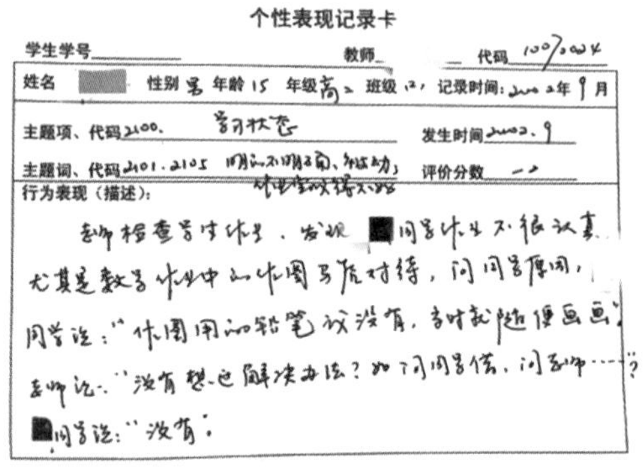

个性表现记录卡

学生学号________ 教师________ 代码________

姓名　　性别 男　年龄 15　年级 高二　班级　　记录时间：2002年9月

主题项、代码 2100．学习状态　　发生时间 2002.9

主题词、代码 2101．2105　　评价分数 －2

行为表现（描述）：

老师检查学生作业，发现█同学作业不很认真，尤其是数学作业中的作图马虎对待，问同学原因，同学说："作图用的铅笔我没有，当时就随便画画"。老师说："没有想过解决办法？如问同学借，问老师……？"█同学说："没有"。

图 2－2　个性卡第二代

在信息技术快速发展的背景下，为了在操作上更方便，丰富记录的功能，学校研发了学生个性记录的数字化平台，提高了对学生个性进行记录和研究分析的效率（图 2－3）。新系统能够诊断学生普遍存在的个性问题，加强学校管理和指导；诊断某个学生个性品质优秀或严重不良之处，并予以重点培养、指导、矫治，实现我校学生管理的科学化。这个阶段学校完善了《学生个性记录分类对照表》，将学生个性行为表现划为三大类，近60个四级分类小项，方便教师检索，形成了规范化的个性分类；及时对学生的个性行为进行统计处理，突出诊断作用；设置了预警机制，以期能尽早发现学生个性行为中存在的问题，及时予以矫正。

学生	
发生时间	
主题词	外向、合群——内向、孤僻
评价分数	0
行为表现(描述)	

图2-3　个性卡第三代

随着实践与研究的不断深入，教育的快速发展对学校人才培养提出了更高的要求，第三代个性记录系统在使用中也逐渐暴露出一些问题：观察指标是基于比较早期的研究结果确定的，指标不全面，维度间存在交叉重叠，导致教师对指标内涵的理解有偏差，在记录的过程中无法非常精准地将记录事件与个性指标维度匹配。另外，记录产生了大量数据，但是数字化平台无法直接进行数据分析及分析结果可视化呈现，依赖于人工对记录内容进行质性数据分析，耗时费力，难度太大。因此，从2020年初至2021年8月，历时一年多，学校组建研究团队设计并开发了第四代基于移动端的个性跟踪记录系统。新系统从记录平台、记录指标、记录功能、数据分析等方面做了优化升级。

第一，开发移动端个性记录系统，提高动态跟踪记录的时效性。

第三代个性跟踪记录系统是基于电脑PC端的网页平台，虽然相比纸质形式的记录，已经极大地提高了记录效率，但在实际使用中，教师们时常反映平时在教室或者校园里注意到学生表现出的个性化行为事件,当时想要记录下来,由于电脑不在身边,所以不太方便即时地做记录。这种情况导致教师们经常会忘记做一些学生的记录,或者记录时又记不太清楚一些细节,使得记录的时效性下降。因此,在第四代个性跟踪记录系统开发时,研究团队充分考虑教师的使用体验和需求,开发了移动端的个性跟踪记录系统(图 2-4)。教师可以通过手机端口便捷地进入系统中,随时随地做记录,充分保证了记录的时效性和准确性。对于动态跟踪评价来说,记录的时效性是保证评价准确性的重要因素。

图 2-4 第四代移动端个性跟踪记录系统

第二,重新构建个性记录指标体系,细化创新评价指标。

在构建新的个性记录指标体系时,研究团队从个性心理的内涵着手,深入研究个体的心理特征分类,采用集中研讨与分工合作相结合的方式,分析学生的学习和生活表现特点,最终确定从认知、情绪和人格三个方面建构学生个性记录指标体系(图 2-5),包含 10 个一级指标,67 个二级指标。

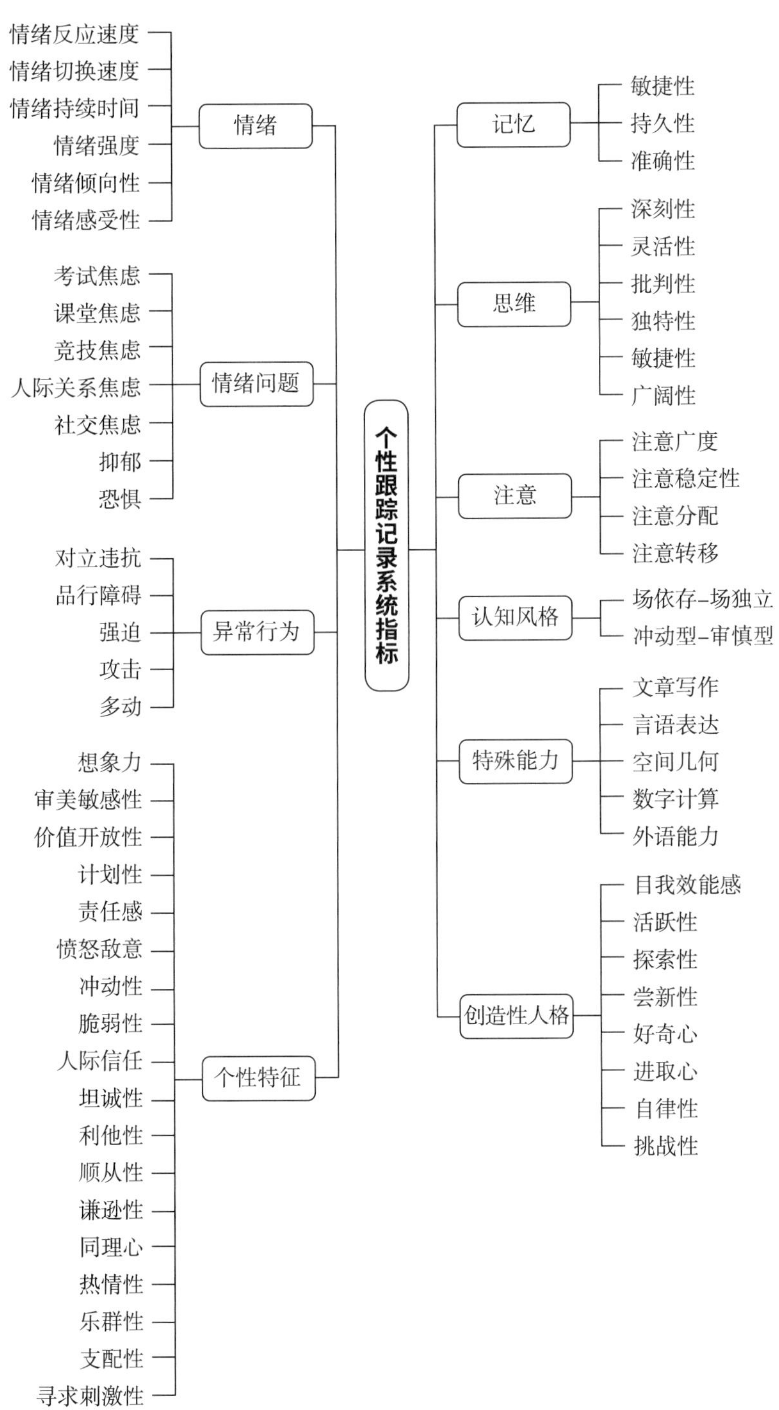

图 2－5　个性跟踪记录指标体系图

第三，在记录功能上，增设“行为池”板块，提高教师评价的客观性。

在四代个性跟踪记录系统的迭代中，最基础的功能是撰写，其操作方式是：教师先描述自己所观察到的反映学生个性特点的具体事件，然后在系统中选择对应的指标，并评价学生在该指标上的表现程度。这种撰写方式可以比较完整地记录事件的发生，能够关注学生在真实情境下的行为表现中所体现出的素养特点。但是需要教师比较准确地理解指标的内涵，才能做到行为与指标间的匹配。为此，在新系统中增加了对指标的分级描述和释义（图 2－6）。同时，在建构指标体系时，每一个指标都做了行为举例，平台开发中将所有指标的行为举例整合在一起，在原本单一的撰写功能基础上，增设了“行为池”记录（图 2－7）。在行为池中，每一项行为与指标的匹配均由系统数据库内设，教师无需自行选择个性指标，只需将对应的行为映射到相关学生并赋予评分即可。这种方式无需教师主观判断学生的行为表现与指标的匹配，提高了教师评价的客观性。

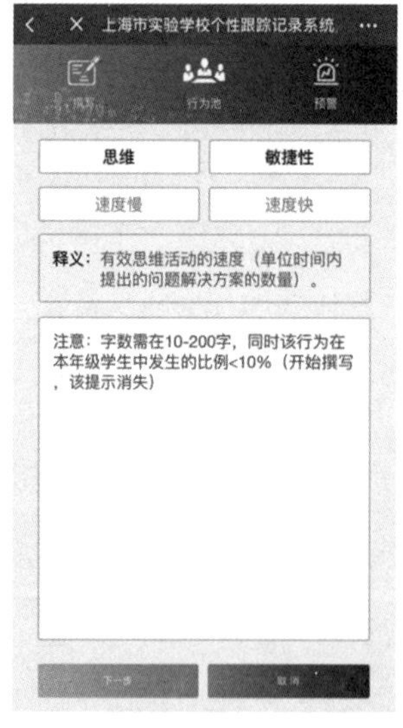

图 2－6 指标分级描述与释义

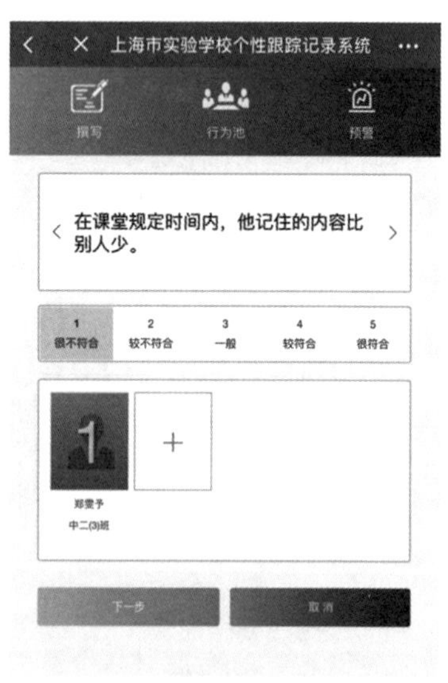

图 2－7 “行为池”记录

第四，增加数据分析功能，呈现可视化图表，提高数据的分析和使用效率。

在第三代的个性跟踪记录系统中，记录数据只能由研究人员从后台导出进行分析和使用，限制了一般教师的使用，且由于记录内容以质性描述为主，分析耗时费力。在第四代系统中，为了提高数据的分析和使用效率，指标评价采用李克特五级评分量表，并且增设了数据分析板块，使教师能够更便捷地调用和分析学生数据。实际使用中，教师可以根据自己的教学需要，进行时序、指标、对象的选择，系统会提供折线图和雷达图两种可视化的结果呈现方式（图2-8和图2-9）。系统提供的数据分析功能，能够很好地反映出学生在某个维度或多个维度的突出特点，为教师全面地了解学生，识别学生的个性潜能提供重要的依据，从而为教师精准化的教育教学干预做参考。此外，数据分析的结果不止于指标与时序维度，系统的管理端设置了参与者、响应时间、评价对象自然属性系列值、发起还是受邀、评价次数小计、均值、标准差等变量选择导出信息，用于更精细的统计加工和技术概览。

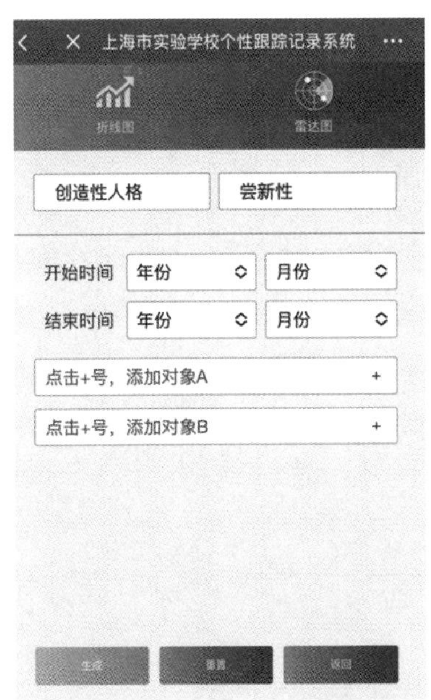

图2-8　指标与时序选取

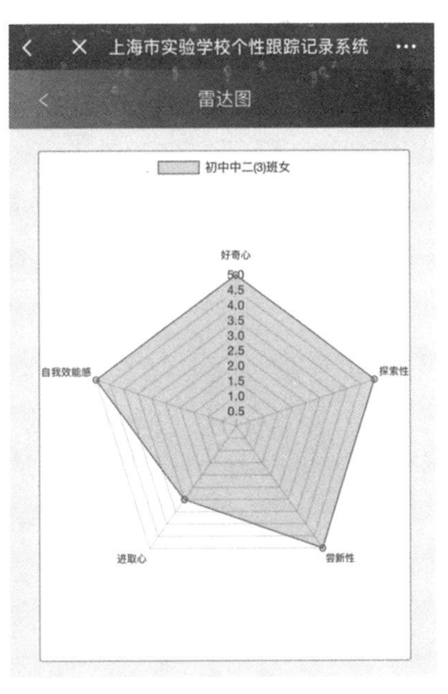

图2-9　雷达图呈现

二、个性自我评价问卷

依据初步构建的个性评价指标体系，课题组成员分工进行项目编制，主要采用了案例分析法和文献研究法。一方面根据指标内涵，整理了以往学校个性记录系统中教师评价的描述性项目，搜索其中能够体现释义的学生学习生活情境中的表现，用描述性语言表述成项目，或者直接选取使用原有个性记录系统的描述性项目；另一方面，参考已有研究者编制的相关量表，比如卡特尔16PF人格问卷、艾森克人格问卷、大五人格量表等，借鉴其中符合本研究所构建指标内涵的项目，修改量表中原有项目表述，使其贴近学生真实学习生活情境。项目编制完成后，邀请5位课题组成员及学校未参与项目编制的教师，让他们结合自己对学生个性特点的认识，阅读并评价所编项目，对其中不易理解或者表面效度较低的项目进行删减、修改和完善，最终确定了包含252个项目的个性评价工具。

学生个性评价问卷包含记忆、思维、注意、情绪、尽责性、开放性、外向性、宜人性、神经质等9个一级指标。其中，记忆、思维、注意属于认知分量表，包含13个二级指标；情绪作为单独的分量表，一级指标为情绪，包含6个二级指标；尽责性、开放性、外向性、宜人性、神经质属于人格分量表，包含30个二级指标。评价采用李克特五级评分量表，要求学生根据自己的真实情况，评价每项描述与自己的相符程度，“1——非常不符合，2——不太符合，3——不确定，4——比较符合，5——非常符合”。

第三节　学校个性潜能识别实践及成效

一、学校个性潜能识别的实践[①]

针对个性潜能的识别，学校以学生个性自我评价问卷和个性跟踪记录系统为评价工具，采用学生自评和教师他评相结合、静态评估和动态追踪相结合的方式，组织开展面向全体学生、面向部分学生群体和面向学生个体三个层面的评价。

在评价视角方面，采用学生自评与教师他评相结合的方式。分析已有研究可以发现，针对个性潜能的评估，已有研究多采用自陈评价的方式。自陈式评价实施简单，计分方便，比较适合学校教育中的团体施测。但测评中个体的自我评价是相对主观的，容易受到社会赞许效应的影响，稳定性和预测效度不太理想。因此，本研究在评价学生的个性潜能时，采用学生评价和教师评价相结合的方式进行，通过自评和他评的相互印证，更加客观准确地评估学生的个性潜能。针对学生自评，研究依据所构建的个性记录指标体系自编了学生个性自我评价问卷，面向全校学生统一组织施测。针对教师评价，依托于学校的个性跟踪记录系统，教师结合学生的日常行为表现，随时随地对其进行在线记录和评价。

在评价过程中，采用静态评估与动态追踪评估相结合的方式。静态评估旨在了解学生个性潜能的初始状况，为教育教学的干预提供依据。动态追踪评估是为了记录学生个性特点在学校教育真实情境下的发展变化，主要借助学校自主设计开发的个性跟踪记录系统实现，以便对

① 魏春丽，陆如萍.中小学生创新潜能识别与培育的实践模型建构[J].中国基础教育，2024(10)：55—60.

教育教学的干预效果进行评价，为教育教学措施的优化和改善提供参考。

在评价实施中，组织开展面向全体学生、面向学生群体和面向学生个体三个层面的施测与评估。面向全体学生的施测目的是评价学校层面教育措施的实施效果，由学校统一组织，为学校层面各项教育教学措施的优化提供科学的参考。面向部分群体的施测，在学校层面可以考察面向部分群体开展的教学举措的实施效果；教师层面可以通过学生的自我评价与教师评价数据对教学策略的实施效果提供反馈，服务于课堂教学中教学策略、教学内容、教学组织等方面的改进。面向学生个体的评估主要是由教师组织实施，以便开展学生个案研究，为学生提供个性化的指导，助力学生的个性化发展。

二、学校个性潜能识别的应用成效

对教师而言，可以更全面地认识学生，识别学生的优势潜能，并依据学生的个性特点适时调整教书育人方式；教学上可以依据学生特点设计多层次教学任务和多样化巩固练习，采纳多种教学策略，帮助学生提升学习效率和学习效果。具体表现在：

第一，教师将学生个性自我评价与教师评价进行相互印证和对比，更全面深入地认识学生。在三十多年的研究中，教师们观察学生的行为表现进行质性记录，观察记录的维度相对简单，对于学生个性特点中不能外显的部分，如思维特点、记忆特点等不能进行准确判断。教师可以借助学生测评结果，将学生自评与教师的观察记录进行有效结合，起到相互印证的效果，破除认识局限和偏见。与此同时，增加了研究角度，从一位教师扩展到多位教师，从教师对学生的观察，扩展到学生主体参与，研究角度的增加也是对前三十年学生评价的突破。

第二，教师基于学生个性特点进行学习指导。探索和发现学生个体身心发展与变化的规律，尤其是学生的认知特点、思维特点和情绪特点，可以帮助教师更精准地识别学生，教师根据学生的思维特点和学习需求，对学生进行客观的评价和全面的认识。在实际教育教学中，选择学生喜欢的指导方式，更好地进行学习指导，也是学生特需学习中教师特备的重要体现。

第三，教师基于学生个性特点的个别化导师指导。学生成长导师制的全面铺开，对教师的育人工作提出了更高要求。教师只有全面了解学生的思想动态、思维模式、情绪特征才能有针对性地进行指导，将工作做到学生内心。而教师面对一群学生，在短时间内对他们进行全面了解是非常困难的。依据指标体系编制的个性评价工具所得出的测量结果可以给教师更客观的反馈。教师可以依据测量结果，加上自己的观察和日常接触，形成对学生的较客观的印象。教师在指导过程中会依据学生的思维特征和情绪特点，注意选择谈话方式，获得学生的信赖，从而有利于成长导师工作的顺利开展，提升个性化导师辅导的效果。

案例 1：自我评价与教师评价对比

ZYY 的画像

1. 人物档案

（1）生理

ZYY 有先天性的高度散光（500 度），幼儿园小班时发现，后佩戴眼镜，矫正视力 1.0。身高 157CM，体重 50KG，属于正常发育水平。

（2）家庭背景

她是二胎家庭的姐姐，有一个小三岁半的妹妹。妈妈是教师，爸爸是工程师。因工作原因，爸爸在外地工作八年，妈妈负责两个孩子的教育。

（3）学业背景

ZYY 是我校中二年级的学生。她 2015 年进入上实小学部，2019 年小升初验收后进入初中部，是校管乐团打击乐声部学生，在 2021 年的体育节上，获乒乓球女单年级第三名。成绩在年级排名中等偏下。

2. 认知特点

孩子在日常的学习、生活中有许多优点，凭着对她行为的判断发现，记忆力不太好，背英语课文很苦恼，背得慢忘得快，但是背语文就不会，背得很快；喜欢边写作业边听歌，她觉得这样做作业效率更高，效果更好；注意力持续时间较短，上课容易走神，需要老师提醒她。生活中会对别人的观点进行驳斥，经常“怼”。真不知道她在想些什么。结合她的行为表现和这次的自评、教师他评，还是可以勾勒出她的认知特点。

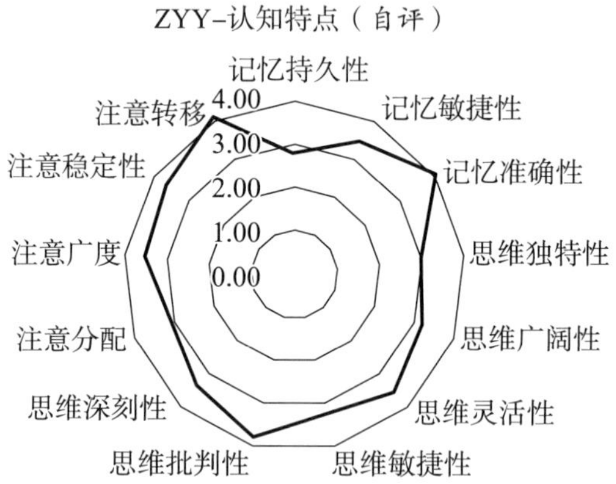

ZYY-认知特点（自评）

图 2－10　ZYY 的认知特点雷达图

ZYY 的自评结果很大程度上与教师、家长的评价是吻合的。比如：

（1）记忆持久性

英语课文及单词背诵要花很长时间，记忆的过程很痛苦，有时候记住了，第二天默写时又忘记了。孩子自己也特别苦恼。

——妈妈

（2）注意转移

上课时，回答问题比较中规中矩，有时候遇到一些枯燥的重复的脑力活动时，容易走神。看到她的眼神不对，我就会走过去，轻敲一下桌子，她的思维又飘回来了。

——英语老师

（3）思维深刻性

期末创作阶段，她经常主动寻找我，将自己的想法告知我，寻求意见；也会把出现的问题清晰地描述出来，找我一起解决 bug。

——信息老师

（4）思维批判性

生活中喜欢驳斥别人的观点，怼。跟小 Z 聊天，真的会活生生把天聊死。你说一句，她分分钟怼回来，而且不带任何脏字。想想也对，她说得都对，没毛病。但这个年龄的孩子，不是应该满怀憧憬和美好理想吗？真纳闷，可她却看得很透，怼得很在理，有时候让我觉得自己错了。例如，某天，小 Z 同学看了一段关于北大包丽案件的博文，她竟然评价：你看，女生到了北大，优秀吧？优秀。她受的教育成功吗？不成功。这就是她受的教育中缺了一块。除了学习就是学习，缺失了很多人际交往、亲情，各个方面，没有学会识人，前 20 年活得没有自我。我就看得很通透，学习不应当是生活的全部。生命的本质在于体验，活出自我，做想做的事，见想见的人。

又如，小 Z 同学看完《你好，李焕英》在朋友圈发了一段话：今天去看了《你好，李焕英》，感触颇深。我的哭点与其他人的哭点不同。我看到李焕英答应贾晓玲（贾玲）的时候很感动，现在已经不会再有这样的人了，当时看到这里就很感动……

一天又一天，一年又一年，每个转身，宛如初恋（一首歌，想必差不多都听过）看到最后时，我也没想到的是母亲的爱还是温柔的对待着孩子的自以为是的善意（可能有语病）但孩子最终也没能改变母亲最后的选择……

其中最让我感动的事有两件；一是贾晓玲想帮助年轻的母亲相亲的时候，二是母亲知道贾玲在干什么却不拆穿的善良。（这里本来想用！但是感觉很敷衍，就不用了）贾玲为给母亲更好的生活方式，也很让人心疼。有一种无力叫天命，天命如此常人又能如何，太苍白了。看完后不但为贾玲感到难过，也为李焕英感到难过，每个人都有自己的心事，他们守护了对方，没有揭开神秘的真相。最后却是大梦一场，女儿在母亲最后的时间里与母亲回忆了一生……

人生只有单行道，随行随珍。电影真不错，拍出了喜悲相接的感觉，值得一看。希望珍惜每一个善待你的人，也希望世界善待你。

（5）思维的广阔性

Z同学大大咧咧、丢三落四的风格实在让人吃不消。上学期结束，Z同学整理本子时，一科的本子整理出了十多本，每一本都是写完一页、两页，就再也没有用过；Z同学的笔用不了几天就会“尸首不全”，笔帽掉了是正常事，有时候里面弹簧也会掉，一支笔很快就废掉了。听她班级同学说，笔掉在地上就随了别人姓了；听说Z同学的红领巾也是家里备了若干条，恨不得学校书包柜里也多备几条。因为会忘记。Z同学的妈妈一直怀疑，这孩子是不是真的少根筋，做什么都不上心，而且没有好胜心。

学校做作业时不够细心，总是有稀稀拉拉的细节错误。问她原因，她自己也说不清，她说她已经很努力了。

——心理老师、Z同学妈妈

这个年龄段的孩子，在不断超越自己，在长大。我们能做的就是包容他们所有的短板，在他们需要我们帮助时，给予帮助。同时尝试着从他们的角度思考问题，理解他们，彼此尊重，互相祝福。

3. 人格特点

ZYY同学在学校人缘好，不张扬，比较好面子，如果课文没有流利地背出来，老师当场叫她会更背不出，紧张。做事节奏慢，比较踏实。

——英语老师

这次中青年教师开公开课，要借用小Z同学的班级。开课前有点不熟悉她班级的情况，就想找Z同学了解一下，哪些同学能说会道，哪些同学回答时能切题，哪些同学聪明反应快……小Z同学拿了他们班级的照片一位位介绍。结束时跟我说:“老师,我们班同学上公开课可是专业选手,不会为难你的!如果问题很难回答,你就叫我,我出马帮你哈!专业‘托儿’非我莫属。”后来的几天里,我就一直嘲她“托儿妹”。尽管真正开课那天,她认真投入,班级同学更是活泼踊跃,还是没有机会请到她暗地帮忙。

——心理老师

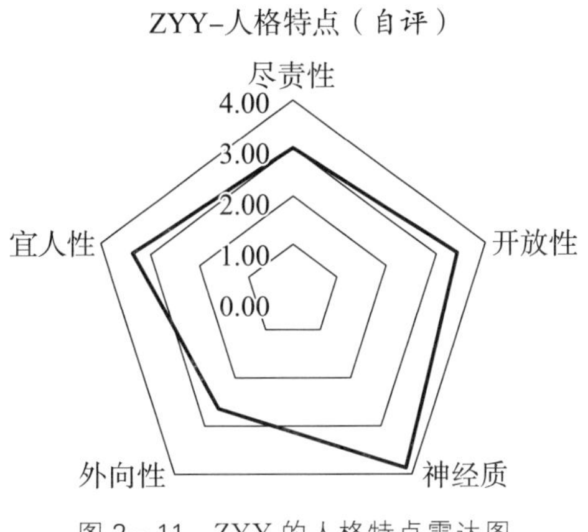

图 2 - 11　ZYY 的人格特点雷达图

生活中的她是一个非常热情,对人很温和,乐于助人的孩子。她很要面子,不想在同学面前出丑。一旦老师、同学触碰了她内心的一些雷点,她会闷在心里。平时的表现适中,不张扬,对别人的建议容易采纳,对照她的自评结果还是能看出一些端倪。

一次,小 Z 同学班级的英语老师要评高级职称,需要他们班级到录播教室上一节课。录播课结束后,我问小 Z:“你们班同学表现如何?”“他们都很好啊,回答问题准确顺溜。”“那你呢?”“我没有回答,就是举手老师也应该不会请我的吧。”“为什么这么想?”“万一答错了,会给老师添麻烦的!万一老师上课时间没掐好,会影响到的。”我一阵心疼,这么能为老师考虑的孩子,她哪怕学科学习稍弱一些,又有什么好担忧的呢?

——妈妈

4. 情绪特点

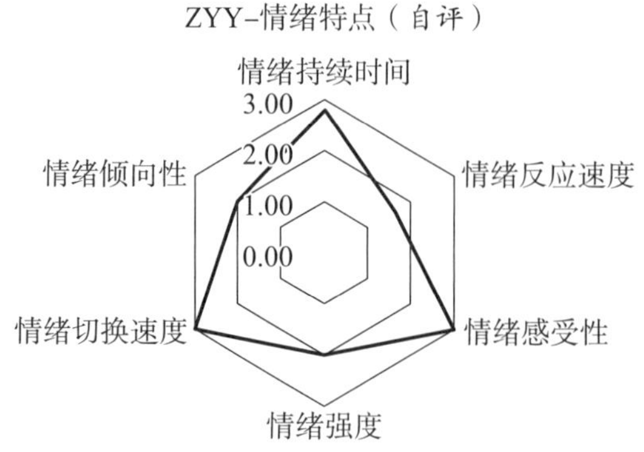

图 2－12　ZYY 的情绪特点雷达图

生活中的她经常患得患失，犹豫不决；对别人的言语非常敏感；对某些作业过分追求完美；心情很多时候处于不乐观的状态，这可能与她长期处于竞争很激烈的环境有关。

——妈妈

“老师，你有没有经历过不管你怎么努力，也始终看不到进步的时候？”我不知道怎么回答，只安慰她说：“日积月累，积小步，走千里，我们可以将努力的时间拉长，坚持下去，一定会有进步的。”我知道，有时候老师的安慰有点苍白，但总比在孩子“伤口上”撒盐要好。在成人眼里的小事，在孩子的世界里就是大事吧。

——班主任

一次看小 Z 放学时阴沉着脸，心想：这孩子，真不能扛事儿，遇到一点事就心情不好，也太敏感了。问她发生什么事，她也不回答，我也就没再问。她自己就说开了：“我真的挺讨厌我们班有些人的，他们仗着各方面表现好，很瞧不起落后的同学。”言语里满是鄙夷。

“是什么话让你耿耿于怀？说出来让我高兴一下？”我想逗她开心，转变一下她的“玻璃心”。她“哼”了一声：“有什么好开玩笑的！我是说真的，当一个人的自尊受到一万点暴击的时候，你还很开心？你要不是个傻子,就是脸皮厚到可以开火车了吧?”我内心一惊,这孩子已经不是小屁孩了,白天经历的事情这会放学还不高兴,看来真是受到伤害了……

——妈妈

Z在学校中,不是一个特别显眼的孩子,她不惹事,学业成绩也不是名列前茅。但她内心很自在,从不为自己的不突出表示出不悦,也不会因为家长的埋汰、同学比自己优秀而心生嫉妒或闷闷不乐。她一直在按照自己的节奏,享受她独有的学习乐趣。

——语文老师

ZYY的情绪自评结果与她平时的表现很相符,情绪感受性、情绪持续时间和情绪切换速度水平较高。她经常会在一秒钟内进行情绪切换,刚在客厅跟家长起冲突,回到房间后就会哼起歌来。

5. 整体评价

基于ZYY的个性记录卡和情绪自评结果,结合导师平时跟Z同学的交流,教师给了她以下评语:Z同学是一位勤奋好学但记忆力需加强的学生,她思维敏捷,善于辩论,社交能力强且注重个人形象,做事踏实但节奏较慢,不喜欢被催促。在面对枯燥学习任务时易分散注意力,但在创作和解决问题时能积极主动寻求帮助,展现出良好的学习能力和沟通技巧。但她的情绪特点表现为高度感受性、持续时间长以及切换速度快。她对于外界刺激的情绪反应较为敏感,容易因小事而情绪波动,且情绪一旦产生便难以迅速平复,持续时间较长。然而,她也能在短时间内实现情绪的快速切换,如在经历冲突后能够迅速调整情绪,展现出截然不同的情绪状态。这种情绪特点使得她在面对不同情境时能够灵活应对,但同时也可能因情绪波动过大而影响学习和生活,在成长过程中要注意多调节情绪,稳定内核。

针对ZYY同学的特点,教师应从增强记忆力训练、提高注意力集中能力、优化学习节奏、加强情绪调节、提升社交技能以及鼓励自我反思和成长等多方面入手,通过提供记忆技巧、多样化教学方式、制订合理学习计划、教授情绪调节技巧、引导倾听理解他人及参与团队活动等方式，帮助她更好地应对学习和生活中的挑战，实现全面发展。

案例2：基于学生个性特点的特需学习指导①

特需课程是我校实践“因材施教”的精准个性化学生指导的样板课程，旨在促进学生对自身认知程度，深度挖掘学生潜能，提升学生的自主学习能力和科学研究素养。基于以上的初步认识，我在这学期对接一位学生的特需课程。通过这一学期在摸索中前进的指导工作，我对于特需课程有了更深层次的认识，并对于下一学期如何更好地指导特需有了更清晰的思路。

一、课程背景

（一）课程概况——个性化一对一指导

心理类特需课程是依据学生在心理学领域的研究兴趣点，由学生自主提出、教师提疑细化的互动式科研指导课程。其内容板块主要包含情绪类、认知类和行为类。本学期的心理类特需课程围绕高一W同学提出的“中学生压力管理方式”主题开展一对一的线下线上相结合的课题研究指导。课程在每周四下午最后一节课进行“线下导师指导学习”，在其他课余时间进行“线上讨论、学生自主学习”。

（二）学生概况——学生个性的精准识别

通过“个性卡跟踪记录平台”对W同学进行“个性”特点精准识别，全面了解W同学在认知、情绪和人格方面的特点。这为明确学生指导工作的指导重点、指导方法与策略，提供重要依据。

1. 认知特点

W同学在记忆、思维和注意三个认知板块的表现中（如图2-13所示），思维方面整体表现突出，平均3.56分，其中“思维的批判性”和“思维的深刻

① 此案例来自上海市实验学校科研室戴治伊老师。

性”水平较高，3.6 分，这意味着 W 同学在问题解决和言语表达过程中，表现出的抽象程度和逻辑水平，以及对既有经验的反思和批判程度都比较高。恰是课题研究思维中最需要、最注重的部分。需要关注的是，W 同学的注意方面，稳定性较低，2.8 分，可能容易被环境因素影响难以专注。

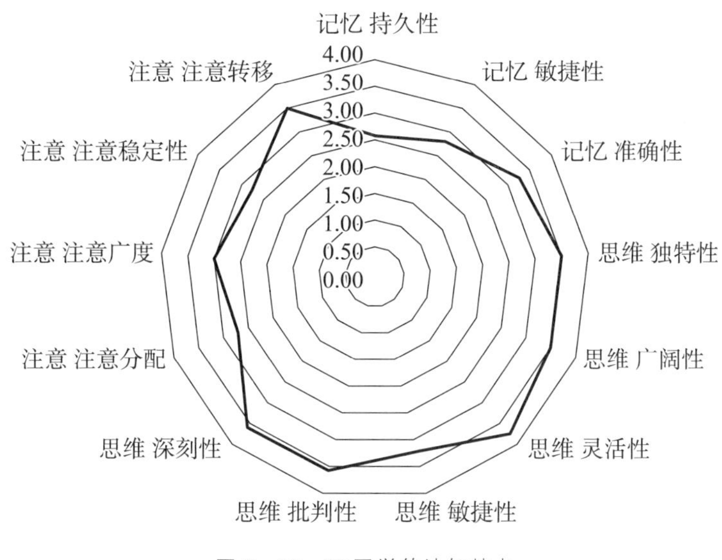

图 2-13　W 同学的认知特点

2. 情绪特点

W 同学在情绪板块中，表现差异较大（如图 2-14 所示）。W 同学的“情绪的感受性”水平非常高，4.5 分，这意味着 W 同学对自己的内心感受的接纳能力较强，心思细腻。其次是“情绪倾向性”3.75 分，这表明她的情绪整体比较积极。而“情绪反应速度”水平低 2.6 分，表明她的情绪激发得比较慢。课题研究的过程并不是一帆风顺，需要研究者具有积极的心态并及时调整，而 W 同学的心思细腻、积极乐观的情绪特点，对于顺利开展研究工作是非常有利的。

3. 人格特点

W 同学在人格板块的表现，如图 2-15 所示。W 同学在“尽责性”方面分数较高，3.82 分，表明她做事有责任感、有条理，自律性和胜任感

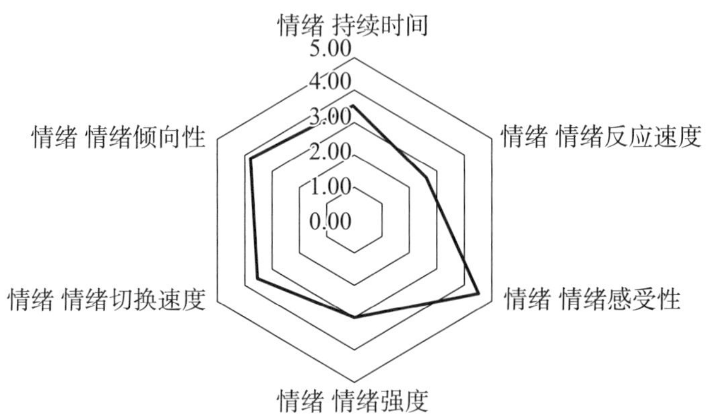

图 2-14 W 同学的情绪特点

都比较强；其次是“开放性”3.8 分，这表明她具有较强的求知欲、想象力和创造力；而且 W 同学的“宜人性”也比较高，3.66 分，这说明她是一个善于与他人合作的人。这些人格特点都有助于她后期深入推进课题的研究工作。

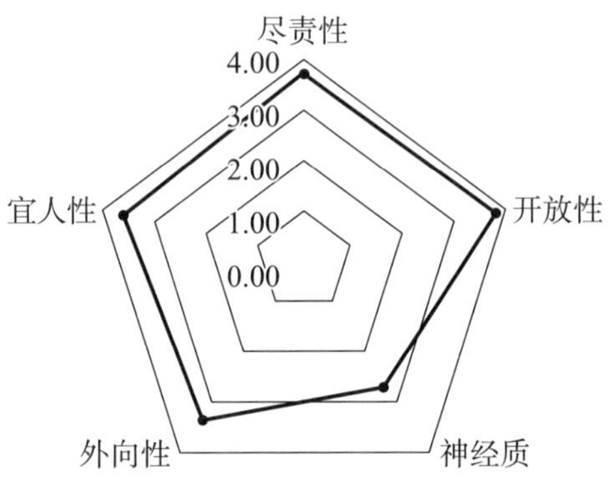

图 2-15 W 同学的人格特点

二、课程实施

（一）课程准备——以学生的学习需求和个性特征为导师的指导策略

1. 学习需求

特需课程的学习需要占用学生本就不多的课余时间，尤其是对于像 W 同学这样来自平行班的学生，因此其中必定是有他们的个人需求的。了解学生的需求和期待,不仅有助于明确课题定位、增强学生的学习动力,更是初期搭建良好的师生关系迈出的必要的一步。例如,在同W同学的谈话中了解到,她申请特需课程主要是想跟着“特备”老师学习做好一个有深度的课题,从而为进入更好的大学做准备。“不同于研究性学习,特需课程本身有一定的门槛,不是人人都能参与,而且能够在每周固定的时间得到导师的一对一指导,这样可以从导师处学到更多,有了做略带难度的课题的机会。”可见,W同学的学习需求主要聚焦在深入学习相关领域的理论知识与研究方法上,因此,我会在后续的课程指导中加大理论学习和研究方法的指导,以挖掘她在该方面的研究深度。

2. 个性特征

在前期的个性分析中,发现W同学的尽责性、开放性较高,对自己有要求,胜任感和自律性都很强,而且具有较强的求知欲、想象力和创造力,这说明我可以对她有较高的研究要求,可以布置有挑战的任务,而这更有助于她快速成长。

(二)课程规划——由感性兴趣提升到理性研究

通常来说学生对于为什么要研究这个课题领域都能比较清晰地阐述,因为这个课题多源于他们自己对周边世界的观察与思考,是他们的兴趣所在。但是落实到科研课题上就显得比较感性,缺乏清晰的有逻辑性的研究目标。这就需要导师帮助学生对研究的问题进行剖析,去掉模糊的、感性的部分,聚焦有逻辑、可研究的部分。

1. 明晰研究目标

在学生提交的课题报名表中有对这一课题的研究目标进行的文字阐述,但是通常看来比较空洞,研究目标非常混乱。而一项课题,首要工作就是要明确自己到底要研究哪些方面内容,怎么研究。为此,(1)我会跟学生探讨研究中的每一个关键词,例如W同学最初使用的概念“压力调节”,通过深入剖析关键词的含义与她的研究想法,我们发现“压力管理”更符合她的研究目的,以此类推对每个关键词进行解读;(2)关键词的梳理有助于捋顺研究逻辑,这时再帮助学生选用恰当的研究方法,就可以清晰地写出课题研究的目标了。这一过程需要教师指导,更需要学生自主思考,可以多花些时间。

2. 制订研究计划

研究目标一旦清晰,行动计划也就不难制订。可以先由学生根据自己的研究目标,初步制订自己的研究计划,导师再依据课题的可行节奏进行适当调整,并与学生协商确定整体步骤,然后共同细化每一步的工作内容和时间节点。

(三)课程指导——线上线下师生共进

1. 督促学生阅读与记录文献

在提交报名表的时候,学生已经学习过一些该领域的文献,但是这个量远远不够。此时,特需课程的必要性就凸显出来了:督促学生阅读大量的文献,并在指导时间对学生阅读的文献进行内容拆解,重点选择与课题关联更大的文献结论。我会提供学生要阅读的文献,基本上一周四篇,要求学生对每篇阅读过的文献进行概要记录并形成 Excel 表格,如图 2-16 所示。这样可以帮助学生后期更好地消化和查找文献,做好扎实的文献综述工作。

时间	题目	关键词	内容	可借鉴
2020.10.26	中学生学业压力、应对策略及应对的心理机制研究	应对策略、心理机制	2.1.1 压力的多学科研究 2.2.3 压力源的测量 3.1 应对的界定 3.4.1 应对策略的类型 3.4.4 应对策略的研究方法	压力效应模型 XXXXX……问卷 [illegible]
2020.10.26	中学生压力知觉、应对策略与社会适应	压力知觉	1.4 社会适应、压力知觉和应对策略的关系	附录问卷 很多的引用
2020.10.26	中学生压力、归因方式与心理健康的关系及干预研究	中学生 压力 归因方式 心理健康	1.1.1 压力的概念 1.2.1 归因与归因方式的概念及相关理论 1.3.1 心理健康的概念 3.6.1 中学生压力、归因方式、心理健康的基本情况分析	附录问卷
2020.10.2	高中生压力源和应对方式关系研究	高中生,压力源,应对方式	1.2.1 关于应对的概念 1.2.2 关于应对方式的概念 4.1 高中生压力源的特点	附录问卷
2020.11.1	不同学业压力情境下中学生应对策略比较研究	应对策略	重点中学的学生在应对正性压力 初中生在应对正性压力 男生在应对正性压力时比女生	不同的角度及方向 在陈旭(2004)编制的《中学生学业压力源》[8]问卷中,按照压力对个体身心健康的影响程度、个体对 采用陈旭(2004)编制的《中学生学业压力应对策略问卷》[9],该问卷由被动应对、维持性应对和主动应
2020.11.10	刍议高中生的压力管理	高中生;压力源;工作压力	一、压力和进行压力管理的必要性 二、高中生的压力源 三、高中生的压力管理措施 (三)高中生个人的应对措施	文学性
2020.11.1	高中生的心理压力成因分析及应对策略	;高中生;心理压力成因分析;应对策略	二、高中生的心理压力成因 三、应对措施	从[illegible]的角度分析

图 2-16 W 同学文献阅读记录表示例

2. 及时反馈学生过程性记录

基于 W 同学的学习能力和钻研意识，我将前期行动计划中的文本撰写“绪论”部分提前到本学期，完善巩固 W 同学该课题的前期学习成果，强化研究思路与报告结构。因此，在学期最后一个月，课程的主要内容是她撰写结题报告的“绪论”部分，我从格式到内容及时予以反馈，如图 2－17、图 2－18。

三级提纲-dzy反馈12.3
三级提纲-dzy反馈12.10
三级提纲-dzy反馈12.17
三级提纲-dzy反馈12.18

图 2－17　给 W 同学“绪论”部分的反馈文本

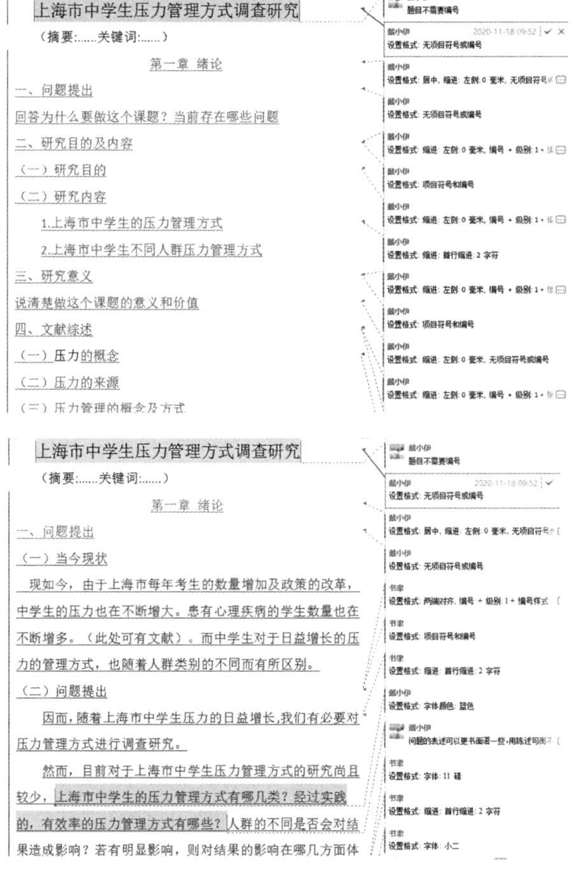
上海市中学生压力管理方式调查研究
（摘要:……关键词:……）
第一章　绪论
一、问题提出
回答为什么要做这个课题？当前存在哪些问题
二、研究目的及内容
（一）研究目的
（二）研究内容
1.上海市中学生的压力管理方式
2.上海市中学生不同人群压力管理方式
三、研究意义
说清楚做这个课题的意义和价值
四、文献综述
（一）压力的概念
（二）压力的来源
（三）压力管理的概念及方式

戴小伊　题目不需要编号
戴小伊　2020-11-18 09:52　设置格式: 无项目符号或编号
戴小伊　设置格式: 居中, 缩进: 左侧: 0 毫米, 无项目符号
戴小伊　设置格式: 无项目符号或编号
戴小伊　设置格式: 缩进: 左侧: 0 毫米, 编号 + 级别: 1 +
戴小伊　设置格式: 项目符号和编号
戴小伊　设置格式: 缩进: 左侧: 0 毫米, 编号 + 级别: 1 +
戴小伊　设置格式: 缩进: 首行缩进: 2 字符
戴小伊　设置格式: 缩进: 左侧: 0 毫米, 编号 + 级别: 1 +
戴小伊　设置格式: 项目符号和编号
戴小伊　设置格式: 缩进: 左侧: 0 毫米, 无项目符号或编号
戴小伊　设置格式: 缩进: 左侧: 0 毫米, 编号 + 级别: 1 +

上海市中学生压力管理方式调查研究
（摘要:……关键词:……）
第一章　绪论
一、问题提出
（一）当今现状
现如今，由于上海市每年考生的数量增加及政策的改革，中学生的压力也在不断增大。患有心理疾病的学生数量也在不断增多。（此处可有文献）。而中学生对于日益增长的压力的管理方式，也随着人群类别的不同而有所区别。
（二）问题提出
因而，随着上海市中学生压力的日益增长，我们有必要对压力管理方式进行调查研究。
然而，目前对于上海市中学生压力管理方式的研究尚且较少，上海市中学生的压力管理方式有哪几类？经过实践的，有效率的压力管理方式有哪些？人群的不同是否会对结果造成影响？若有明显影响，则对结果的影响在哪几方面体

戴小伊　题目不需要编号
戴小伊　2020-11-18 09:52　设置格式: 无项目符号或编号
戴小伊　设置格式: 居中, 缩进: 左侧: 0 毫米, 无项目符号
戴小伊　设置格式: 无项目符号或编号
书聿　设置格式: 两端对齐, 编号 + 级别: 1 + 编号样式
书聿　设置格式: 项目符号和编号
书聿　设置格式: 缩进: 首行缩进: 2 字符
戴小伊　设置格式: 字体颜色: 蓝色
戴小伊　问题的表述可以更书面语一些，用陈述句而不
书聿　设置格式: 字体: 11 磅
书聿　设置格式: 缩进: 首行缩进: 2 字符
书聿　设置格式: 字体: 小二

图 2－18　两次反馈后 W 同学的文本改进示例

3. 讲授统计学知识与实操(下学期进行)

在学生做好研究综述任务后,督促她按照前面确定的研究方法推进研究,收集数据。在数据收集好后,开设几节课程,教授她使用 spss 软件,对数据进行统计,该工作将在下个学期进行。

三、课程评价

课程的评价主要从学生评价和教师评价两个方面进行。

1. 学生评价

学生评价,要求学生对课程框架的设计、导师的过程性指导以及课程的获益程度进行评价。课程的框架包括课程目标、课程计划的设计,导师的过程性指导包括指导态度、指导水平、指导频率等方面,课程的获益程度包括理论知识和实操技能。

2. 教师评价

教师评价,要求教师对学生在课程中的学习态度和课程目标达成度两方面进行评价。

(1) 学习态度

学习态度的评价包括:考勤(特需课不无故缺席或迟到,有特殊情况提前请假)、任务完成度(每周的特需课程指导教师都会布置本周的研究任务,学生能够在课前提前将任务提交)、主动与导师探讨的次数与深度。

(2) 课程目标达成度

课程目标达成度,是指针对该课题学生的完成质量是否达到学生与导师前期商定的目标或预期。

四、课程总结与反思

本学期我是第一次参与特需课程的指导,在指导学生的实践过程中更进一步理解了特需课程的意义。学生那种非常珍惜这次学习机会的情绪也会深深地影响我对这份指导工作的投入。与其说指导学生,不如说是在指导中与学生共同进步、相互督促、教学相长。比如阅读文献，因为给学生布置每周 4 篇的文献阅读任务，所以作为老师，我要比学生更早更深地阅读文献，这也进一步提升了我在该领域的理论认知水平。但是总结这一学期的指导，我发现自己在前期指导环节进入得比较匆忙，个人介入较多，给学生自主思考的空间不足。因此，我计划在下学期的指导中增加启发性研究过程，让学生先不被我的视野所局限，而是在我的问题下，自主寻找解决方案。

案例 3：基于学生个性特点的成长导师制指导[①]

关注个性，引导成长

1. 案例背景

导师制是在为了提升中小学育人工作的全员性、针对性和实效性，促进学生身心和谐健康发展的背景下开展的，我们学校自 2016 年开始进行高中生导师制项目。2020 年寒假疫情防控工作期间开启的线上教学，对班级管理及学生全方位的身心健康发展提出了挑战，我校开始实施初中全员关爱行动计划。目前已经纳入常态化的运行中，目的是希望导师能够为班级学生提供自主学习指导、生活学习方面的帮助、心理健康辅导、思想引导等等。

作为一名初中生导师，在真实地参与导师制的实施中，也遇到一些困惑。初中导师制的形式主要是每个月定期两次的谈话，其中比较困惑的问题就是与学生的沟通。学生的导师分配，一大部分是按照分组安排。由于人员有限，学生并不是主动选择导师的，而是服从安排，所以会遇到在定期谈话时，学生没什么可说的话题，而且一开始导师也不太知道该和学生聊什么，引导什么内容，不太了解学生的特点和喜好，不清楚什么样的方式是他需要的或者该从哪些方面去引导他，无法确认在导师制中对学生的引导和关爱的重点在哪里。

---

① 此案例来自上海市实验学校科研室魏春丽老师。

2. 个案示例

SH同学是初中一年级学生，本校小学部直升，年龄相对较小，而且进入初中后，成绩也没有那么理想，学习和生活方面都会有一些压力。在分配了导师之后，我和班主任简单沟通，了解了一下他的情况，从班主任那里简单得知了他的情绪和学习表现方面的一些特点。开学初第一次见面时，我就仅带着从班主任那里得知的一些情况，和他简单聊了聊，他分享了一些自己家庭的情况，自己和爸爸妈妈的相处状况，以及自己在家庭里面遇到的一些困扰。我了解到他的家庭结构可能相对特殊一些，需要较多地关注他的情绪调节、学习和生活适应状况。

在新的个性记录系统更新后，教师可以借助平台进行简单的数据分析，了解学生的个性特点。所以，在新一轮的导师制实施中，我就借助了这个方式，事先对学生的个性特点进行了解，在后续的谈话活动中，逐渐和学生沟通，探索共同的成长目标，使得导师制活动的开展过程逐渐变得清晰一些，我慢慢感觉到自己和学生都从中有所收获。

我调取查看了他的个性自评数据，关注了他情绪和人格特点方面的表现。情绪方面的评分数据如图2-19。根据个性自评数据，可以发现他是一个情绪感受性相对较强的学生，容易感知自己的情绪和内心世界，会相对敏感、移情、重视自己感受，对于积极和消极情绪的体验会相对强烈一些。而且发现他的神经质方面冲动性评分比较高，说明情绪出现时，他还不太能控制。这点从他在谈话过程分享的事情中也有感受，班主任也反馈他平时会比较容易情绪化一些，有时会有一些过激的行为出现。因此，在第二次导师见面会谈时，我就着重和他就情绪这个话题进行了讨论，讨论了什么情况下会诱发自己出现什么样的情绪，情绪出现时会给自己带来哪些影响，自己一般会怎么面对不同的情绪，引导他在情绪出现时学会用合理的方式去照顾情绪。

此外，在前面的接触之后，发现他的社会支持力量相对不是那么强，面对一些情绪问题时，没有足够的能量和支持去应对，所以我想要尝试为他寻找一些力量来源,让他对自己的能力更自信。在分析了他的人格特点后,见图 2-19,发现他是一个开放性相对较强的学生,想象力和审美敏感性是他可以去发挥拓展的亮点,能够成为他的力量来源。他有一个相对丰富的内心世界,想象力丰富,有一定的创造力,尤其是在艺术方面。同时在外向的热情和乐群性上,见图 2-20,他也有较高的得分,说明他是喜欢有人陪伴的,喜欢交朋友,喜欢热闹的场合。因此,在后续的导师谈话中,我也在关注他的这几个特点,引导他在学校的艺术节等活动中表现自己,通过参与活动也可以和同学建立友谊,他自己也可以从中发挥自己的能力,体会到自己的力量感,能够逐渐对自己更加自信。

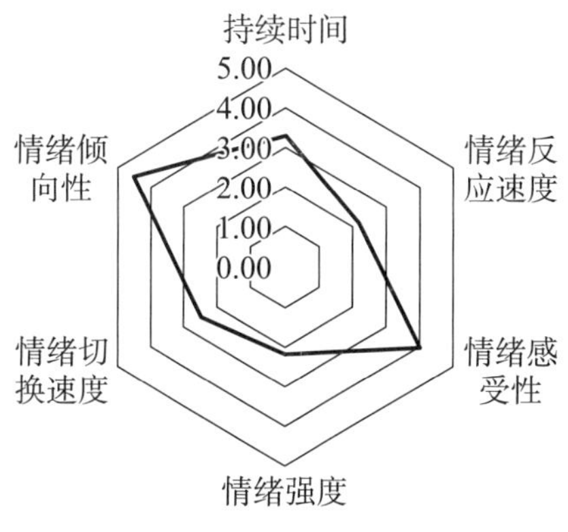

图 2-19　情绪特点

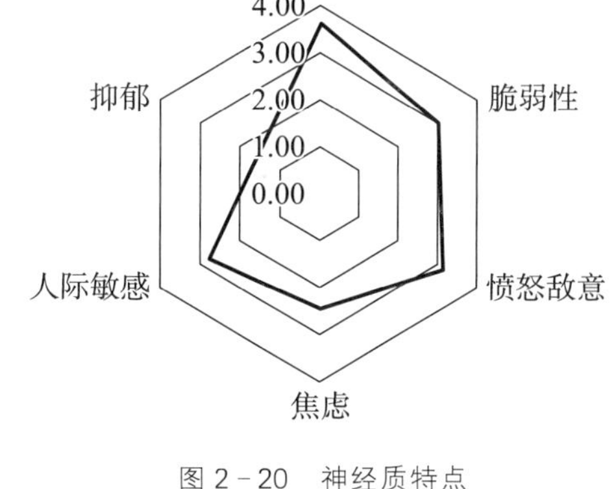

图 2-20　神经质特点

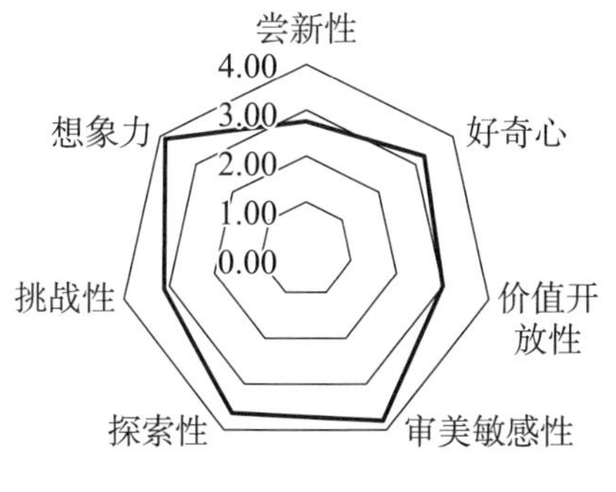

图 2-21　开放性特点

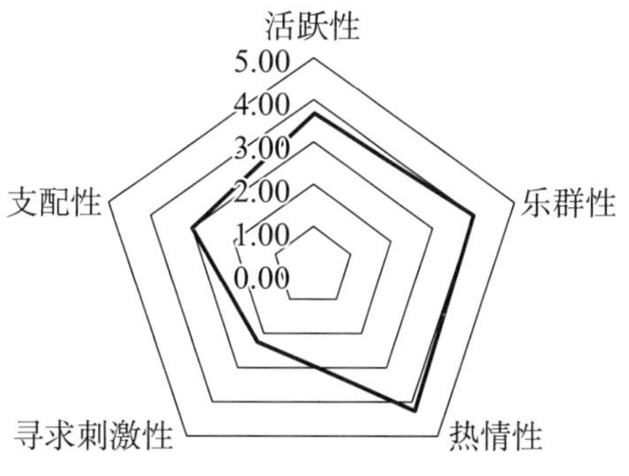

图 2-22　外向性特点

3. 小结

导师制的实施对于教师和学生来说，是一个有助于双方相互了解，共同成长的过程，而来自学生个性特点的反馈则是这个过程中的催化剂。对于教师，增加了一个和学生深入了解的机会，能够与学生分享交流除学习以外的事情，个性数据的反馈为师生之间的互动交流提供了方向指导。对学生来说，当导师对自己的个性特点有了初步的了解之后，在进一步的交流中，会更容易感受到被导师理解，而且获得对自己成长有帮助的支持。

在教育的广阔画卷中，个性潜能如同一颗颗璀璨的星辰，等待着我们去发现、去点亮。通过本章的深入探讨，我们不仅理解了个性潜能作为学生成长与发展内在动力的核心价值，还见证了从观察量表到数字化平台，个性潜能识别方法与工具的不断演进。这些科学的手段不仅让我们得以更全面、精准地认识每一位学生，更为他们量身定制了最适合的成长路径，真正实现了"因材施教"的教育理念。实践案例与数据分析的展示，更是生动诠释了当教育真正聚焦于学生的个体差异，尊重并激发其个性潜能时，学生所能迸发出的无限可能与创造力。这不仅是对学生个体价值的最大尊重，也是教育本质的深刻体现。

然而，个性潜能的发掘与培养并非一蹴而就，它需要一个持续、系统的过程来加以评估与引导。这自然引出了我们下一章节的主题——学业述评。在个性潜能的坚实基础上，学业述评作为对学生学习成效的全面审视，将为我们提供更加精细化的评估框架与实践策略。通过了解述评的定义、探索学业述评的理论与实践，我们将进一步深化对学生个性潜能与学业表现之间关系的理解，为促进学生全面发展，实现潜能与成就的双赢奠定坚实的基础。让我们带着对个性潜能的新认识，一同迈入下一章节，共同开启教育的新篇章。

第三章　学业述评的内涵及实践

本章旨在深入解析述评的定义及其在教育领域，尤其是学业述评中的独特应用。我们将探讨述评“评述结合”的内涵，辨析教学述评与学业述评、学业述评与学业评价之间的异同，阐述学业述评通过确定评价内容、收集数据、分析解读、制订个性化学习计划等实现路径，发挥巩固知识、反馈情况、矫正错误、激励进步、促进师生交流等多重功能，为教育实践提供全面理解和有益参考。

现代教育评价体系正经历着深刻的变革，学生评价不仅关注学生的知识、技能、态度、价值观，更强调对学生综合素养和能力的评估。评价方式从原有的期中、期末纸笔测验转变为嵌入式、伴随式的即时评价，更加注重评价的实时性和过程性。同时，评价数据的采集也从单一模态转向多模态，包括学生在课堂、作业、体育和社交等多个场景的数据，这就需要学校建立包含学生学校生活在内的综合指标评价体系。此外，评价任务的场景设计也更加贴近学生的实际生活，从纸笔测试转变为真实、生活化、趣味化的问题解决场景。评价结果的反馈也变得更加及时，不仅面向个体，也面向群体，形成了包括个人、班级、年级在内的发展性评价报告。这些变化共同推动了教育评价的现代化，使其更加全面、精准和有效。①

2020 年，中共中央、国务院印发的《深化新时代教育评价改革总体方案》(以下简称《方案》)提出：“探索建立中小学教师教学述评制度，任课教师每学期须对每个学生进行学业述评，述评情况纳入教师考核内容。”这一举措明确了教学述评和学业述评在教育评价中的重要地位。述评作为评价学生学业表现和学习进展的重要环节，发挥着不可或缺的作用。教学述评侧重于对教育过程和教学策略的反思与改进，旨在提升课堂的有效性和教师的教学质量；而学业述评则聚焦于学生的学习成果和进步，通过系统的评估方法为学生的学习历程提供反馈

---

① 余胜泉，汤筱玙.智能时代的人才培养模式改革与创新[J].开放教育研究，2024，30(3)：45—52.

与指导。然而,随着教育改革的推进,学业述评的现状也面临着诸多挑战,包括评估方法的多样化、评价标准的更新以及技术手段的介入。本章将深入探讨述评、教学述评、学业述评的内涵与实践,并对当前学业述评的现状进行分析,旨在为进一步优化评估体系提供参考与思路。

第一节 述评概述

一、基本定义

述评,按照《现代汉语词典(第6版)》的定义,是叙述与评论,也指叙述和评论的文章,比如时事述评。根据此定义,述评,即叙述并评论,是一种以夹叙夹议、边叙边评的方式反映社会热点、国内外重大事件或问题的新闻体裁。它融合了新闻报道和新闻评论的特点,既报道事实,又对新闻事实做出必要的分析和评价。

二、述评的内涵

根据《现代汉语词典(第6版)》中对述评的定义——叙述与评论,我们对“叙述”与“评论”的内涵进行了进一步查询。

“叙述”是指把事情的前后经过记载下来或说出来。述评中的“述”指的是对时事的客观叙述。这部分内容通常基于记者的采访调查,对所见所闻的新闻事实进行真实、准确的描述,让读者了解事件的前后经过、来龙去脉。根据定义,叙述强调真实性和完整性。

“评论”有两种解释,一是批评或议论,另一种解释是批评或议论的文章,比如发表评论。我们认为述评中的“评”则是对时事的分析和评价。这部分内容体现了记者的观点和立场,通过对新闻事实的分析和探讨，揭示其本质和意义，指明事物的发展趋势。根据定义可以看出，评论是基于真实的评价，强调个人的分析和评价，是主观性的。

三、述评的特点与优势

在信息爆炸的时代，我们每天都会接触到大量的信息。如何有效地处理和表达这些信息，成了人际交往的一个重要技能。不同的述评方式以其独特的特点和优势，帮助我们在不同的情境中进行有效的沟通和表达。无论是在学术研究、新闻报道、商业分析还是日常交流中，选择合适的述评方式都能够提高信息的传达效率和影响力。以下是几种常见的述评方式及其用途，它们各自适用于不同的场景和目的，能够满足我们多样化的沟通需求。

“评述结合”的方式常见于新闻报道，新闻述评集新闻报道和新闻评论的职能于一身，既及时报道新闻事实，又揭示新闻事实的本质和意义。这种评述结合的方式使读者既可以得到必要的信息，又可以了解作者对这些新闻事实的分析和探讨。

“以评为主”的方式虽然述和评并存，但重点在于评。述是为评服务的，通过叙述事实来引出评论，进而阐明作者的观点和立场。

“叙事说理”的述评方式融合了事实叙述与逻辑论证，它不仅详细陈述事件的经过，还深入探讨背后的原理。这种述评方式通过作者对众多新闻事实的细致分析，提炼出有说服力和可信度的结论，使得读者不仅能够了解事件本身，还能理解其深层含义和影响。

四、述评的应用范围

述评作为一种融合了叙述与评论的表达方式，不仅能够传递信息，还能表达出述评者深刻的见解和分析。这种灵活而多维的沟通技巧在多个领域都发挥着重要作用。述评在不同领域有不同的应用方式，展示出其广泛的实用性和影响力。

（一）新闻领域

在新闻学中，述评是一种重要的新闻体裁，其基本特点是融新闻和评论于一体。它通过对新闻事实的准确叙述和深入剖析，不仅传递了信息，还引导读者对新闻事件进行深入的思考和解读。新闻述评可以涉及社会生活的方方面面，反映人民群众普遍关心的问题，如政治、经济、文化等领域的热点话题和重大事件。通过新闻述评，媒体能够发挥舆论导向的作用，引导公众舆论，促进人们对社会问题的思考和讨论。

（二）历史学领域

在历史学中，述评也扮演着重要的角色。历史学家在撰写历史著作或论文时，经常需要采用述评的方式来阐述历史事件或现象。他们通过叙述历史事件的发展过程，同时融入自己的分析和评价，使读者在了解历史事实的同时，也能感受到历史学家对于该事件或现象的态度和看法。这种叙述与评论的紧密结合，使得历史学著作或论文更加具有说服力和可信度。

（三）行政管理领域

在行政公文写作中，述评也被广泛应用。例如，工作述评是针对实际工作中的经验或问题进行评述的一种公文形式。它通过对工作情况的叙述和分析，总结经验教训，提出改进措施和建议，为领导决策提供参考。此外，形势述评也是对国内外形势进行评述的一种公文形式，它着眼于形势的变化和转折，概括全貌，指明发展趋势，帮助读者开阔眼界，提高认识。

（四）教育领域

述评在教育领域的应用极为广泛，它不仅能够为教育政策提供深入的分析和讨论，帮助教育工作者和决策者理解政策的实际意义，还能在教学方法上发挥作用，通过叙述和评论不同教学策略的实施过程，促进教育者选择或改进教学方法。此外，述评还能评估课程设计的有效性，分享教育研究成果，提供学生学习成果的评估和反馈，以及对教育领域内的重要事件或趋势进行深入分析和评论。这些应用不仅促进了教育信息的传递，还增强了对教育问题的深入理解和批判性思考，推动着教育实践的改进和发展。

（五）其他领域

除了上述领域外，述评还可以应用于其他许多领域。例如，在科技领域，述评可以用于对新技术、新产品的介绍和评价；在经济领域，述评可以用于对市场动态、经济形势等的解读和预测等。

综上所述，述评作为一种叙述与评论相结合的写作或表达方式，在新闻、历史学、行政公文写作以及其他多个领域都有着广泛的应用。它不仅能够传递信息，还能够引导读者进行深入的思考和解读，为人们提供了更加全面、深入、有思考价值的阅读体验。

第二节　教学述评与学业述评

在本节中，我们将深入探讨述评在教育领域的应用。教育作为塑造未来社会人才的重要基石，其理念、实践及成效的反思与评估至关重要。述评作为一种融合了叙述与评论的综合性写作方式，在各行各业有着广泛的应用。述评如果用于教育领域，不仅能够基于客观描述，系统梳理各项政策、教学方法、学生学习成果等关键要素，还能通过教育专业工作者的深入分析与评价，揭示教育现象背后的深层逻辑与潜在问题。通过引入述评的视角，我们旨在促进教育工作者、政策制定者、家长及社会各界对教育实践的全面理解，激发对教育创新的深入思考，共同推动教育事业的持续进步与发展，这也是探索建立中小学教师教学述评制度的重要原因。

述评在教育领域的应用主要聚焦于两大核心议题——教学述评与学业述评。在讨论教学述评与学业述评之前，我们有必要对两者的内涵进行比较。杨道宇(2022)认为，教师教学述评的内涵可分为教师评价取向与学生评价取向两种类型，两者争论的焦点不是评价的主体，而是评价的范畴与目的。前者认为教师教学述评是评教师，是学校通过教师评学生而评教师；后者则认为是评学生，是教师评学生，是通过学校评教师如何评学生而促进教师评学生。[①]

姚娟(2023)将教学述评描述为以促进教师专业发展为目的，根据一定的标准，采用叙述与陈说的方式对教师教学过程与教学效果进行价值判断，促进教师在整个教育活动中不断认识自我、完善自我、发展自我的一种定性与定量相结合的发展性评价。[②]

杨道宇(2022)认为，教学述评是给每位学生适合其个性发展的差异化评价，它要求教师给每位学生以个性化评价，对其学习投入、学习结果、学习趋势、学习潜力等方面给出实事求是的描述与判断，从而使学生能够从教学述评中获得个体化的真实性认知。[③]综合以上对教学述评的描述，可以发现，教学述评是教师评价学生，教师在评价中提升评价能力，促进学生的自我认知和自我调整。

在本研究中，我们认为教学述评更侧重于教师对自身教学过程的反思与总结，是一种自我评估的手段。它不仅包括对教学内容、教学方法、课堂管理等方面的回顾，还涉及对学生学习效果的观察与反馈。通过教学述评，教师能够发现教学中存在的不足，并进行相应的调整与改进。教师述评的核心在于提升自身的专业能力，优化教学设计，最终促进学生的全面发展。

而学业述评是指教师针对每个学生的学业表现进行评价和反馈。

---

①③ 杨道宇.教师教学述评论纲[J].山西大学学报(哲学社会科学版)，2022，45(5)：142—148.

② 姚娟.中小学教师教学述评的价值定位与实践路径[J].教学研究，2023，46(2)：18—24.

这不仅仅是对学生考试成绩的评价，更关注学生在学习过程中表现出的学习态度、学习方法、知识掌握情况、能力发展等方面。学业述评通过对学生学业表现的细致观察，帮助学生了解自己的优点和不足，进而指导帮助学生自主调整学习方法，提升学习效果。

综上研究，教师教学述评与学业述评的关系可以从多个角度来分析。

第一，两者是相互影响的关系。教师通过教学述评可以发现自己教学中的优点和不足，进而调整教学方法和内容，提高教学质量。这种改进有助于提升学生的学习效果，从而提高学业述评的质量。学生的学业述评反映了学生的学习成效，而学业成效的好坏可以直接反馈给教师，帮助教师判断其教学方法是否有效，并进一步进行教学调整。

第二，评价目标具有内部一致性。教师的教学述评与学生的学业述评有着一致的目标，都是为了改进教育过程，最终落脚点是提升学生的学习效果。两者都是学校教育评价体系的重要组成部分。教师教学述评的目的是优化教学设计，提升教学方法的有效性，激发学生的学习兴趣，帮助学生更好地掌握知识和技能，并在述评的过程中，提升自己的评价能力。学业述评的目标是借助师生、生生评价，帮助学生认识到自己学习中的问题和优点，促进其自我调节学习行为，提高自主学习能力。两者在最终目标上是一致的，都希望通过持续的反思和改进，提升学校教学与学生学习的整体质量。

第三，两者共同构建了学校的评价文化。教师和学生的述评共同构建了一种评价文化，在这种文化中，评价不仅仅是为了判断优劣，更重要的是通过反思和反馈，促进个体的成长与发展。这种评价文化包括：其一，教师反思文化。教师通过教学述评，保持开放的学习心态，持续改进自己的教学方式和策略。其二，学生反思文化。学生通过学业述评，学会自主学习和自我评估，逐步培养自我调节学习的能力。其三，师生共同体文化。教师和学生不仅是知识的传授者与接受者，更是共同学习与成长的伙伴。通过教学述评与学业述评，师生之间形成了互动反馈的良性循环，彼此成为反思与进步的推动者。

总而言之，教师教学述评与学业述评之间的关系可以总结为一种互动和互促的关系。教师通过教学述评来改进教学质量，学生通过学业述评来反思学习成效，两者在目标上一致，都是为了促进教学与学习的优化。在良好的评价文化中，教师和学生的述评都能促进彼此的成长和进步。

第三节　学业述评与学业评价

教师对学生的学业述评，是学校对学生评价的理性追求。钟铧等(2023)认为，学业述评是任课教师以叙述、评价学生的学习活动表现及学业成就的形式，对学生的学业发展进行总结与反馈，并倾听、接受学生对其学业发展评价反馈的评论或评价。[①]强调了任课教师作为学业述评的主要承担者，应注重学业述评的内容和学业述评中师生双方的互动。学业述评不仅是教师的职责，更强调学业述评中本着学生发展的追求，师生双方对于评价内容和结果的协商、一致性认同。

王彧皎等(2023)认为，在日常学生评价场域内，学业述评是学生及其教师、同伴围绕学业内容，通过自述、互述和概述的方式进行多元协商，厘清述评内容、述评标准，以确证学生的学业收获、学业问题，并依此提出学业进阶路径的一种崭新评价方式。[②]因此，学校在建立教师述评和学业述评制度时，既要厘清这两者的区别和联系，也要厘清学业述

① 钟铧，钟立华，徐立明.学业述评：概念、缘由、制度与认识误区[J].基础教育研究，2023(9)：24—26，36.

② 王彧皎，秦文波，李洪兵.述评花开：指向个性成长的教学述评实践[J].今日教育，2023(6)：35—38.

评和传统的学业评价的区别与联系。

基础教育教师对于学生的学业评价概念并不陌生,“考考考,教师的法宝;分分分,学生的命根”,从古到今,中国学生对于测验、考评的评价方式,可谓是爱恨交加。董博清等人(2018)认为,“学业评价是根据一定的课程标准,通过测验、考评等方法,对学生在校课程学习中取得的学习成就进行综合判断的过程”。[①] 从此描述来看,学业评价的方式多采用测验、考评的方式,尤其针对学校课程,对于学生的学习效果要通过测验、考评分出高低,其功能也很广,比如选拔性、甄别性等。这样的学业评价形式,确实能够鉴别、检验出学生短期(比如,一个单元)或者中长期(一个学期)的学习效果,有其存在的合理性。但是,从教育评价改革的趋势和学生发展的需求来看,单一的评价方式已经不适合社会发展对人的培养的需求,也不符合个体全面发展需求。为此,对于学生的全面评价就尤为重要,学业述评就被提上了日程。

前文提到,学业述评不同于纯粹的学业发展评价与反馈,它是师生双向评价反馈活动,目的是促进学生的全面发展。钟铧等人(2023)也提到,学业述评既是教师对学生的学习表现、学习成果进行评价、反馈的过程,也是学生对教师对其作出的学业发展评价、反馈进行评论或评价的过程。[②]这是学业评价所不具备的。学业评价过程中,学生面临的是一张考卷,只有教师批阅完考卷再次讲评时,才有互动,而这样的互动,也仅是借助于试卷,学生对知识掌握情况的自我检视。而教师对学生的学业述评强调对学生学业发展过程的动态跟踪与系统关注,要求教师掌握翔实的过程性资料,并在此基础上对学生学业发展情况进行深入分析,从而为每个学生提供适切的指导,让每个学生绽放生命

---

① 董博清,霍素君.学生学业发展水平评价体系的研究与思考——以河北省义务教育评价为例[J].河北师范大学学报(教育科学版),2018,20(4):123—128.

② 钟铧,钟立华,徐立明.学业述评:概念、缘由、制度与认识误区[J].基础教育研究,2023(9):24—26,36.

光彩。[①]

因此，学业述评具有综合评价特征，强调消解以往偏重量化、等级评价的倾向，更加强化教育评价的激励功能，更加关注学生素养的养成，更有利于学生个性化成长。

第四节　学业述评的实现路径

学业述评作为评估学生学习成效、促进教育质量提升的重要手段，其在学校层面的有效实施与深入推广，是构建以学生为中心、注重过程与结果并重的教育评价体系的关键。那么，学业述评究竟如何在学校中具体开展，以实现其应有的价值与功能呢？以下将详细探讨。

《深化新时代教育评价改革总体方案》（简称《方案》）[②]提出："坚持科学有效，改进结果评价，强化过程评价，探索增值评价，健全综合评价，充分利用信息技术，提高教育评价的科学性、专业性、客观性""探索开展学生各年级学习情况全过程纵向评价、德智体美劳全要素横向评价"。方案中对如何进行德智体美劳全要素的横向述评和全学段全过程的纵向评价没有做进一步的操作性的指导和规定，这就给了区域层面，尤其评价落地实施的学校层面创新性实施的空间。可以看出，中小学可以根据现有评价基础和信息技术条件，进行评价改革探索。作为教育研究领先的一线城市的一贯制学校，在大数据的支持下，我们理应建立校本评价制度，支持小初高学段教师进行学习情况全过程纵向评价，联合德智体美劳所有学科教师进行全要素横向评价，对教学述评制度、学业述评操作路径等评价关键问题进行先行探索。

---

① 朱忠琴.教师教学述评的内涵、价值和实践路径[J].人民教育，2023(2)：43—46.

② 新华社.中共中央 国务院印发《深化新时代教育评价改革总体方案》[EB/OL].http://www.moe.gov.cn/jyb_xxgk/moe_1777/moe_1778/202010/t20201013_494381.html，2020-10-13.

《方案》中对教育评价改革的趋势和方向性的指导是非常明确的："经过 5 至 10 年努力，各级党委和政府科学履行职责水平明显提高，各级各类学校立德树人落实机制更加完善，引导教师潜心育人的评价制度更加健全，促进学生全面发展的评价办法更加多元，社会选人用人方式更加科学。"

余胜泉等人(2024)认为，智能时代的教育评价应尊重学生的个性发展，强调评价的全面性、连续性和动态性。评价功能应促进学生全面发展，实现"以评促教""以评促学"；评价对象从关注部分学生转向面向所有学生，确保每个学生都能在学习过程中得到反馈和支持。[①] 因此，无论是学校构建评价体系，还是教师进行学业述评时，应该将学生的发展作为评价的主要功能，兼顾全体学生，评价注重全面、连续、动态，最后形成的学业述评能做到以评促学。

谈及学校述评制度构建和学业述评路径，我们发现，从 2020 年《方案》出台到现在，省级教育主管部门纷纷建立了述评项目试验区，如上海选择了奉贤、金山、浦东等作为述评研究引领示范区，各区又分别选择了项目校，以校为基层单位建构校本述评制度，探索述评新路径、新方法。2020 年至今，述评成果也如雨后春笋般破土而出。

教师教学述评制度基于中小学立德树人的根本要求，要求教师全面、全学期、全程关注学生的发展，渗透以人为本的教学理念。教学述评制度涉及教师与学生两大主体，实施主体是教师，实施对象是学生，教师要密切关注学期过程中的学生学情变化情况。除学生的学科学习情况，教师还会结合家庭及社会各方面的客观评价内容(如社会实践)来开展综合述评。因此需要在学校层面形成教学述评制度，才能保障述评工作的顺利开展。此外，教学述评制度本身是一种增值性的教学评价制度，其设计的出发点是丰富教师评价的多元格局，促进教师教学

① 余胜泉，汤筱玙.智能时代的人才培养模式改革与创新[J].开放教育研究，2024，30(3)：45—52.

评价的科学化，这就需要有科学的评价标准、评价规范，以及评价实施路径、评价组织架构。朱忠琴(2023)认为，教师教学述评作为一项新的制度，在推进过程中，学校既要明确述评什么、怎么述评，也要研制述评指标、开发述评工具、完善述评管理制度、应用述评结果等，以确保述评制度发挥其应有的价值。[①] 由此可见，在学校层面建立教师教学述评制度要研制述评指标、开发述评工具、完善述评制度，并且对述评结果的应用要有指导性培训。这也是我们建立校本述评制度的必经之路，在后续的第四章中会具体阐述。

上海市奉贤区在实践中围绕“评价指标与方式探索”“评价制度与流程创建”“评价结果应用与完善”等关键要素，形成了教师教学述评工作“述学生—教师述—评教师—用结果—促进师生共同发展”的实施环节和基本路径，初步实现了聚焦全要素、关注全过程和以评促发展，为有效推行中小学教师教学述评工作打下坚实基础。[②]

在谈及中小学教师教学述评的实施路径时，姚娟(2023)认为中小学教师教学述评，就是借助质性的评价方法来对教师进行评价的新探索，其实施路径可从述评内容、述评标准、述评主体、述评方式、述评结果等几个方面进行探究。[③] 在具体实施中，她建议，一是参评教师协商述评方案，使其明了述评内容的重点及范围；二是鼓励学校依据实际情况，探索建立述评标准，列出述评清单；三是多元主体、多种方法整合破除客观情境对述评活动的影响；四是通过反复进行教学述评来验证述评真实性，体现述评发展性。在姚娟(2023)关于中小学教师教学述评实施路径的观点基础上，我校总结探索了在具体实施过程中可能面临的挑战、应对策略以及如何将这些理论观点转化为实际可行的操作方案。

---

① 朱忠琴.教师教学述评的内涵、价值和实践路径[J].人民教育，2023(2)：43—46.

② 张竹林，夏旖.聚焦教学述评全要素探索师生发展新路径——上海市奉贤区开展中小学教师教学述评的实践探索[J].人民教育，2023(20)：33—36.

③ 姚娟.中小学教师教学述评的价值定位与实践路径[J].教学研究，2023，46(2)：18—24.

首先，面对参评教师对述评方案认知差异的挑战，组织专业培训会议和工作坊，通过案例分享和小组讨论等形式，深化教师对述评内容、重点及范围的理解。其次，为克服述评标准与实际情况不匹配的问题、弥补各学科教师对于述评内容不一致的问题，学校成立由多学科代表组成的述评标准制定小组，综合考虑多方面因素，制定既科学又贴近实际的述评标准和述评框架、述评格式模板，并建立动态调整机制以持续优化。在多元主体参与述评的协调与整合方面，明确各主体角色与职责，通过定期会议和信息共享平台加强沟通与合作，确保述评活动的顺利进行和述评工作的即时优化。最后，为验证述评的真实性与发展性，建立严格的监督机制，采用多种方法验证述评结果，并注重将述评结果作为教师个人成长和专业发展的依据，科研室和课题组负责提供有针对性的指导和支持。

在实施过程中，制定详细的述评实施方案，包括时间安排、参与人员、具体流程和所需资源等，确保述评活动的有序进行。同时，建立述评档案系统，记录教师的述评结果、改进措施及学生成长轨迹，便于跟踪和评估。加强教师培训与指导，定期进行研究小组分享和研讨，并组织相关培训和交流活动，提升教师的述评能力和专业素养。最终，强化述评结果的运用，将其与教师的绩效考核、职称晋升、奖励机制等挂钩，激励教师积极参与述评活动，不断提升教学质量。通过这些策略与操作方案的实施，我们可以更好地推动中小学教师教学述评的落地生根，促进教师的专业成长和教学质量的全面提升。

此外，我们也从现有的研究里看到，教学述评制度仍处于探索初期，在具体实施中尚存在述评结果参考价值有限、述评成本限制在一定范围内、教师述评专业能力有待提升等方面的实践限制。① 这也是任何一项制度处在探索初期的必经之路，相信在试点学校探究的基础上，可

① 张楚，吴支奎.教师教学述评制度的价值意蕴与实践限度[J].教师教育论坛，2022，35(4)：22—25.

广泛收集一线教师的意见和建议，不断调整和优化述评制度的设计。作为试点校，我们建立了多元化的反馈渠道，如定期召开教师座谈会、设计工作表单和反馈单等，确保教师的声音能够被听到并得到有效回应。同时，课题组加强对制度实施效果的跟踪评估，及时总结经验教训，为后续推广提供实证基础。

第五节 学业述评的功能及价值

在日常学生评价场域内，学业述评的核心理念是以标准的多样态、实施的适时性与结果的个性化引领学生主动发展，其价值向度指向深度学习、推进学业迭代和提升核心素养。[①]

一、关注学生个体差异，推动教师因材施教

学业述评是基于人的角度，是从学生的本体角度出发，将学生置于述评的中央，以了解和满足学生的需求而进行的评价，在这个过程中，标准就必须且不得不关注学生的个体差异性，而传统的固定标准并不能完全达到“因材施评”的要求，更不能达成因材施教的目的。[②]因此，学业述评应在评价标准上更加灵活，注重个体化的评估方式。它不仅要关注学生在知识掌握上的水平，更要关注他们的学习态度、学习能力和个性化的发展需求。这种评估方式不仅仅是对学生学习结果的评价，更是对学习过程的反馈与引导。通过尊重每个学生的独特性，学业述评可以帮助学生发现自己的优势和弱点，鼓励其自我反思和自主学习。

①② 刘绿芹，李润洲.学业述评：日常学生评价的理性追求[J].中国教育学刊，2022(9)：32—39.

为了实现这一目标，教师对学生的学业述评应结合多元化的评价手段，例如自我评价、同伴互评和教师间的反馈等，构建一个更加立体的评价体系。学生可以在这个过程中获得更多元的反馈，不仅能够帮助他们从多个角度认识自我，还能促进他们在人际交往、合作与沟通等综合能力上的提升。同时，教师也能够通过持续的评估过程，更好地了解每位学生的成长需求，从而在教学设计和教育策略上做出个性化调整，真正实现因材施教的教育理想。

综上所述，学业述评的核心在于打破传统的单一评价标准，转向更加灵活、个性化、多维度的评价方式。在这种评价体系中，学生不仅是学习的主体，也是评价的主体，他们的个人发展和成长需求得到了更多的关注与满足，从而推动他们在学业与个性上全面发展。这不仅有助于提升学生的学习体验，更能为构建更加人性化、以学生为中心的教育模式奠定基础。

二、关注学生成长全过程，尊重学生生命成长

评价结果是影响学生主动发展的重要因素之一，在特定情况下甚至是决定性因素。学业述评是基于学业事实的叙述、确证，并以此共同建构问题解决的细节方案、可行路径和实施策略，关注学生成长全过程，尊重学生生命成长。

因此，学业述评不仅仅是对学生学业表现的总结与反馈，它更是一种帮助学生全面发展的工具。通过客观、细致的学业事实叙述，教师与学生能够共同发现学习中的问题，进而分析其成因，并提出切实可行的改进方案。这个过程并非单向的“评价”，而是师生共同参与的互动过程，学生在其中逐渐获得自主反思的能力，增强自我调节与持续发展的动力。

学业述评通过尊重学生个体的生命成长轨迹，强调个性化的学业

支持。在这一过程中，评价结果不仅要体现学生当前的学业水平，更应注重过程性评价，即学生在学习过程中所展示出的态度、努力程度、问题解决能力以及对知识的掌握深度。通过多维度的评价，学生可以更加明确自身的优势与不足，认识到自己的成长空间，从而更积极、主动地制定未来的学习目标。

与此同时，教师在述评中也扮演了重要的指导者角色。教师不仅是学业成果的评判者，更是学生成长的支持者与合作者。通过详细的反馈和建议，教师能够为学生提供针对性的学习策略，帮助他们克服学习中的困难，找到适合自己的学习方式。这种个性化的指导能够有效激发学生的学习潜能，提升他们的自信心与自主学习能力。

最终，学业述评的目的是通过持续、深入的评价与反思，促进学生从“被动接受”到“主动学习”的转变。这不仅有助于学生在学业上的进步，也能帮助他们养成终身学习的习惯，为未来的学习和发展奠定坚实的基础。在这种评价模式下，学生的成长得到了全面关注，他们的个性化需求得到了充分尊重，真正实现了以学生为中心的教育理念。

三、提升教师评价素养，实现持续教学改进和质量提升

面对学生评价的新要求，教师应以发展的眼光面向自我成长，阅读本学科类、教育教学类、班级管理类、学生心理发展类等书籍，内外兼修，以更好地培养学生适应未来社会的能力为目标，适应新时代对教师述评能力的专业要求——“叙述＋评价”。[①]

因此，教师在面临更为具体的学业述评问题时，不仅需要具备扎实的学科知识和教学技能，还应在更广泛的领域内提升自己的综合素质。教师的自我成长应从多维度展开，既要不断更新学科专业知识，跟上学

① 王彧皎，秦文波，李洪兵.述评花开：指向个性成长的教学述评实践[J].今日教育，2023(6)：35—38.

科发展的最新动态，又要在教育教学方法上探索新的路径，尤其是在学业述评中将“叙述”和“评价”有机结合起来。

“叙述”意味着教师能够通过细致观察和深刻理解，准确描述学生在学习过程中的表现、进步和挑战。这不仅要求教师具备敏锐的洞察力，还需要他们能够从学生个体的实际情况出发，提供个性化、富有针对性的反馈。同时，这种“叙述”应当是客观的、有依据的，通过科学的数据和事实，让学生及家长对学生的学业情况有更全面的认知。

而“评价”则是对学生表现的价值判断，这一过程必须尊重学生的个体差异，避免“一刀切”的标准化要求。教师需要具备灵活的评价能力，能够根据不同学生的学习特点和需求，设计多样化的评价标准，帮助学生从不同角度看到自己的成长与不足。这种评价不仅仅停留在学术成绩上，还应关注学生的综合素质、心理发展、社会责任感等方面，从而培养他们应对未来社会多重挑战的能力。

为了更好地胜任这一职责，教师应以“终身学习者”的姿态投入自我成长中，积极阅读学科类、教育教学类、班级管理类以及学生心理发展类的书籍与资料，系统地提升专业能力。同时，通过反思教学实践，参与教育研讨活动，教师可以不断更新自己的述评理念和方法，保持与新时代教育需求的同步。

此外，教师的内在修养同样重要。通过内外兼修，教师可以提升自身的教育情怀与职业素养，具备更强的同理心与包容心，以更开放的姿态接纳每一个学生的独特性，并在述评过程中给予他们更多的鼓励与支持。这样的述评不仅是一种学术评价，更是一种情感连接与人文关怀，能帮助学生在认知和心理上实现全面发展。

总之，面对新时代学业述评的挑战，教师应不断成长，既要在专业知识和教学技能上精益求精，又要在教育理念和个人修养上不断提升，真正做到内外兼修，以适应“叙述＋评价”能力的新要求。只有这样，教师才能更好地引领学生，帮助他们在快速变化的未来社会中茁壮成长。

四、促进学科教师间沟通交流,实现联动协同育人

鞠锡田(2024)认为学业述评是对教师的评价,那么谁来评价即评价主体是谁应该十分明确。由于每学期学业述评活动都要举行,评价主体不能有过重的负担,还要确保评价结果的客观、公平、公正,因此评价主体多元化是一个基本的原则。[①] 为了实施全员学科育人,学业述评既有导师结对的针对性,又有记录成长的普及性,为学科育人理念的落实提供了一种更可行的操作方式。因此,我们认为导师或班主任,或任何一门学科教师都可以作为主评价人,邀请任教该学生的所有教师或者部分教师参与评价,以尽可能实现评价的公平、公正,达到协同育人的效果。

因此,学业述评的评价主体应当根据具体情况灵活选择,确保评价的全面性和多角度性。在这种多元化的评价主体框架下,导师、班主任以及各科任课教师都可以根据其与学生的接触和了解情况,分别提供基于学科特点和学生整体表现的反馈。这种评价方式不仅有助于精准把握学生的学习状态和成长轨迹,也能够在不同学科之间形成合力,推动学生的全面发展。

首先,作为学业述评的核心参与者,导师或班主任在学生的学习与生活中扮演着重要角色,能够从全局角度把握学生的成长情况。因此,他们的评价既包含对学业表现的总结,也能反映出学生在日常行为、学习态度、合作能力等方面的进步与不足。此外,班主任或导师还可以通过持续跟踪学生的学业发展,为他们的个性化成长提供长期支持。

与此同时,任课教师作为学业述评中的重要评价人,能够从专业学科的角度对学生进行更具体、更深入的评价。他们不仅能够关注学生

---

① 鞠锡田.学业述评基本问题初探[J].山东教育,2024(Z2):48—50.

的学科知识掌握情况，还能观察到学生在不同课堂中的表现、学习兴趣和学科潜能。通过多学科教师的共同参与，学业述评能够更加全面地展示学生的学习过程及其在不同领域的表现，从而保证评价的客观性和全面性。

此外，学业述评还可以通过引入学生自评、同伴互评等方式，进一步丰富评价主体的多样性。学生在自我反思和同伴反馈中能够更加清晰地认识到自己的优点和不足，这不仅有助于他们在未来的学习中做出更有针对性的改进，也能增强他们的自主学习能力和责任感。同伴互评则可以为评价提供同龄人的视角，帮助学生从同伴的表现中学习、借鉴，促进集体成长。

在评价主体多元化的背景下，还必须确保评价过程的合理性与公平性。为避免某一评价人或某一类评价人的观点主导整个述评，评价结果应通过综合各方意见加以平衡。此外，在具体操作上，学业述评的内容和标准应做到透明化和规范化，确保每个评价主体能够基于一致的标准进行评估，以避免主观偏差。

最终，通过多元化的评价主体和协同育人的方式，学业述评不仅能够提供更加全面、客观的学业反馈，也能促进教师团队之间的合作与沟通，从而实现更高效的教育协同。同时，这一评价体系也为学生的全面发展提供了更多支持，让他们在多方反馈和评价中不断成长，真正体现了“全员学科育人”的理念。

第六节　学业述评保障

学业述评作为教育过程中的核心环节，要求教师细致观察、全面了解学生，秉持客观公正的态度，准确描述并恰当评价学生的学业表现，同时兼顾个性化需求，提供精准指导。为确保学业述评的质量与效果，应尽量做到全面覆盖、实事求是、分类述评与综合评价，以期既帮助教师精准掌握学生的学习状况，又有效促进学生的全面发展与进步。

一、学业述评的原则及关键点

在各学科学业述评，社会实践活动以及研究性、社团学习中，为保证述评质量，需遵循一系列核心原则并关注几个关键点。

第一，保持评价的客观性，确保结果公正准确，避免主观偏见；追求评价的全面性，综合考虑学生的能力、思维品质及情感态度，形成完整评价；注重个性化，针对学生的独特性和表现差异，提供有针对性的建议和指导；确保评价的及时性，及时反馈以促进学生学习调整和改进；强调鼓励性，通过肯定和鼓励学生的努力与进步，激发其积极性和自信心。

第二，在实施学业述评时，需注意以下几点。首先，明确评价标准，基于活动目标、内容及学生特点制定具体、清晰的评价准则；其次，确保评价过程的可观察性和可检验性，通过直接或间接方式记录学生表现，提升评价的准确性和可信度，做到评价有依据；再次，注重量化与质性评价的结合，既关注任务完成效率、质量等量化指标，也重视学生的态度、合作精神、创新思维等质性评价，全面反映学生学习状况；最后，兼顾学生的个性化需求，提供个性化指导，促进学生的个性化发展。

这些原则和注意点共同构成了学业述评的基本框架和指导思路，确保评价的公正性、准确性和有效性，为学生的全面发展提供有力支持。

二、教师专业评价素养

在学生个性特点与学业评价之间建立有效连接的问题上，教师扮演着至关重要的角色。首先,教师需要通过观察和交流深入了解每个学生的性格、兴趣、学习风格和潜能。这有助于教师设计出能够反映学生个性特点的评价方案。其次,根据学生的不同个性和需求以及学科核心素养,教师可以制定个性化的评价标准,确保评价能够公平地反映每个学生的学业成就。再次,教师应采用多维度评价方法,不仅评价学生的知识和技能,还要评价学生的思维过程、创新能力、合作精神等非认知能力。最后,教师应基于学科要求引导学生进行自我评价和开展同伴评价,鼓励学生自我反思的同时,也能从不同角度接受反馈,增强评价的全面性。

学科教师在学业述评实践中扮演着至关重要的角色,他们不仅是学生所学知识的传授者,更是学生个性潜能的发掘者和培育者。学科教师做好学业述评有以下实践要求。

1. 及时做好日常观察记录

做好日常观察记录是教师开展个性化教育的基础。只有当数据积累到一定程度时,才能对学生的学习表现和个性特点进行全面而有效的分析。教师通过系统的观察记录,逐步掌握学生的学习行为、兴趣、特长及潜能,从而为后续的教学决策和支持策略提供可靠依据。

2. 基于个性记录的学生潜能的识别

教师通过日常观察、评估和分析学生的行为和学习表现,识别学生的潜能和兴趣。这不仅限于课堂表现,还应包括课外活动、合作学习等方面。潜能的识别可以帮助教师有针对性地为学生提供支持,例如提供更多的学习资源、引导学生参与创新型活动或竞争项目,培养他们的创新能力和批判性思维。

3. 基于识别的个性化教学计划

教师应根据学生个性记录中提取的信息,设计个性化的教学计划。这些计划应考虑到学生的学习风格、兴趣点、能力水平等,适当调整教学内容和方法。例如,对于逻辑思维较强的学生,可以设置更具挑战性的任务;而对于学习速度较慢的学生,教师可以提供更多的辅助和延迟性反馈。评价方式也应灵活多样,确保能够适应不同学生的发展需求。

4. 基于识别的家校合作共育

对于班主任及导师而言,家校合作是学生个性化发展的重要支撑。教师需要与家长保持良好的沟通,了解学生在家庭中的表现和发展情况,结合学校中的观察,全面把握学生的个性成长。家长会、家访、个性化反馈会等都可以作为与家长沟通的有效途径。通过家校合作,共同为学生制定支持性策略,帮助学生在学业和个性发展上不断进步。

5. 基于实证数据的评价方式转变

评价方式应当以多元化为目标,不仅局限于传统的总结性评价,还应重视形成性评价。形成性评价通过日常的课堂表现、作业反馈、活动参与等方式,帮助教师及时掌握学生的学习动态,并提供建设性反馈。总结性评价则用于反映学生在一定阶段内的整体学习效果。两者结合,可以全面了解学生的学习进程,并帮助学生认识到自己的优势和需要改进的地方。

6. 学生培育的持续跟踪与动态调整

学生的学习与个性发展是动态的,教师应保持持续的跟踪和评估。通过定期的观察和记录,结合学生在学科中的表现和反馈,教师应灵活调整教学计划和策略,确保教学能够适应学生的变化和成长。动态调整意味着教师要在教学中保持敏感度和灵活性,及时发现问题并进行针对性的教学干预,确保学生能够持续进步和发展。

在整个过程当中,教师应不断积累数据,通过全面、系统的观察和记录,为个性化教育和学生潜能的发掘奠定坚实的基础。

通过对述评定义的深入剖析及其在教育领域,特别是学业述评中的独特应用探讨,我们不难发现,述评作为一种“评述结合”的评价方式,为教育评估注入了新的活力与深度。它超越了传统评价的单一维度,不仅关注学生的学习成果,更重视对学习过程的深入解读与个性化反馈。教学述评与学业述评的辨析，以及学业述评与学业评价之间的对比，让我们更加清晰地认识到学业述评在促进学生全面发展中的不可替代的作用。通过确定评价内容、收集数据、分析解读、制订个性化学习计划等实施路径，学业述评不仅巩固了学生的知识掌握，还通过及时反馈、错误矫正、激励进步和促进师生交流，为教育实践提供了宝贵的指导与参考。

然而，学业述评的实施不是一个孤立的过程，它与学生个性潜能的识别密切相关。个性潜能作为推动学生学习与成长的内在动力，是学业述评中必须考虑的关键因素。深入了解学生的个性潜能，能够帮助我们更精确地分析学业述评的结果，并据此制订更具个性化的学习与发展计划。因此，将个性潜能识别与学业述评相结合，构建一个更加全面且个性化的教育评价体系显得尤为重要。同时，学业述评的质量在很大程度上取决于教师的评价素养，提升教师的评价能力对于确保学业述评的有效性至关重要。这自然引出了我们下一章节的主题——从个性潜能识别到学业述评。在这一章节中，我们将深入探讨如何将个性潜能识别的成果融入学业述评的实践，以实现对学生潜能的最大激发与学业成就的最优提升。让我们带着对学业述评的新认识，继续探索个性潜能与学业述评之间的关系，共同开启校级层面的学业述评实践。

第四章　从个性潜能识别到学业述评

从我们现行实施的学生多元评价来看，要做到以评促学、因材施教，首先要尽可能做到精准评价。而“个体内差异评价的基础性工作是获取每个学生在不同时期的学习活动表现以及学习成就，获取学生在不同时期的德智体美劳各个方面的发展情况，缺乏这些信息就无法开展后续的个体纵向评价、横向评价。另外，个体内差异评价需要对学生逐个进行资料的储存、整理、分析与价值判断”。① 这既是上实作为一贯制学校的优势所在，同时面对纷繁复杂的评价数据，如何分辨、如何选择数据，做到基于实证数据的精准评价，且将评价结果真正用于学生个性化学习的引导，真正助力学生的发展，也是摆在教师面前亟待解决的难题，是倒逼学校建立述评体系和明晰述评路径的重要推动力。因此，在中小学教育场域中，学生个性潜能的识别与学业表现之间的关系至关重要。

个性潜能不仅指个体的天赋与才能，还涵盖了其在情感、社会交往、动机等方面的优势。这些潜能对学生的学习方式、应对挑战的策略，以及学业成功的可能性都有深远影响。在从个性潜能识别到学业述评的过程中，我们不仅要关注学生的学术能力，还需要将目光投向他们的全面发展，以便为他们制订更具个性化和可持续性的成长路径。本章将探讨如何通过科学的评估工具和方法识别个性潜能，进而如何利用这些信息进行有效的学业述评，从而实现学生的全面发展与学业提升。

第一节　个性潜能与学业述评

学生的差异性和独特性是教育的起点，每个学生都有各自的个性

① 钟铧，钟立华，徐立明.学业述评：概念、缘由、制度与认识误区[J].基础教育研究，2023(9)：24—26，36.

特点与发展潜能，教育就是教师通过日常观察发现学生不同的个性特点，发挥其优势潜能，促进其成长为社会需要的人才。人的独特性还在于其思想和行为的唯一性，不同的学生内心想法不一致，因而在教育教学中，不能以统一标准对全班学生进行评价。这就需要教师充分挖掘学生个性特点，基于学生的个性特点进行差异性评价。因此，研究团队认为学生的个性潜能的有效识别是进行精准学业述评的前提。

学业述评遵循的根本伦理准则是积极地对待人性，运用标准的多样态，引领学生主动发展。它基于人的角度，是从学生的本体角度出发，将学生置于述评的中央，以了解和满足学生的需求而进行评价。在建构学业述评框架之前，厘清学生个性潜能识别与学生学业述评的关系是非常重要的。我校通过建立观察记录系统，科学识别学生个性潜能，从每位学生入学伊始，就对其行为、思想、兴趣等方面进行全面的观察、系统跟踪和记录，建立学生个人成长档案。在教育过程中，教师通过持续的观察和评价，形成对每个学生个性和潜能的深入理解，在观察和访谈的实证数据上，为学生提供真实、客观的学业述评，在和学生协商后达成一致的情况下，再为学生提供适宜的教育资源和教学策略，才能有效地促进学生的成长。这种系统化的识别和评价过程，才是真正的学业述评，才有助于构建一个能够促进学生个性化发展和取得学业成就的教育环境。

学生个性潜能识别与学生学业述评之间的关系是相互影响和促进的。个性潜能识别有助于教育者更深入地理解学生，而学业述评则提供了一个反馈机制，帮助教育者和学生了解教育活动的效果。以下是它们之间的几个关键联系。

第一，个性化教育与支持。

个性潜能识别能够揭示每个学生的独特天赋和兴趣，从而推动教育者提供定制化的教育支持。结合学业述评，教育者可以评估个性化教育措施的效果，并根据反馈调整教学策略。这种综合性的方法不仅关注学生的学术成绩，还涵盖个人发展、社交技能和创造力等非学术领域，确保教育的全面性和深度。

第二，目标设定与自我认知。

通过个性潜能识别，教育者可以协助学生设定符合其潜能和兴趣的个人学习目标。学业述评则成为跟踪这些目标实现情况的重要工具，为学生提供及时的反馈，促进他们的成长和自我认知。学生可以通过了解自己的长处和兴趣，以及在不同领域的成就和进步，来增强对自我的认识。

第三，激励机制与教育公平。

学业述评和个性潜能识别共同构成了激励学生发挥潜能的有效机制。正面的反馈和认可可以激发学生的内在动力，而个性潜能识别则有助于教育者发现并利用这些动机，进一步激发学生的学习兴趣。同时，这些方法确保了教育机会的公平性，通过评价和调整教育资源的分配，确保每名学生都能获得适合其能力和需求的教育。

第四，家校合作与持续改进。

学业述评作为家校沟通的桥梁，使家长能够了解孩子在学校的表现。结合个性潜能识别，家长可以更深入地理解孩子的个性和潜能，从而更有效地参与孩子的教育过程，促进家校合作。同时，学业述评提供的反馈和个性潜能识别的结果共同推动了教育实践的持续改进，确保教育者能够根据学生的需求变化调整教学策略，为学生提供更优质的教育。

综上所述，学生个性潜能识别与学生学业述评的关系是动态的、持续性的，它要求教育者不断地观察、记录、分析和评价学生的个性和潜能，以便提供更加个性化和有效的教育支持。两者相辅相成，共同为学生的全面发展和个性化教育提供支持。

第二节　基于个性潜能识别的学业述评理论基础

一、多元化的视角

基于个性潜能识别的学业述评，其核心在于依托多元智能理论，秉持多元化和发展性的视角，深入而细致地识别学生的个性潜能，进而构筑起学业述评的坚实基础。

加德纳的多元智能理论认为，每个学生都有不同的智力类型，主张每个学生的发展是多方面的，强调个性化成长与潜能开发，这与我们认为的学业述评理念不谋而合。学业述评不应仅局限于传统学科成绩，而是要考虑学生在多种智能领域的发展潜力，旨在帮助学生实现长期、全面的进步和成长。

多元智能理论为发展性学业述评提供了丰富的理论基础，促使教师从多个维度来评价学生的学业表现，关注他们的多样化发展潜力。通过识别学生的多元智能，来评价学生在不同领域中的潜在优势与发展空间，帮助教师制订更加个性化的培养计划，鼓励学生在多个领域中全面成长。

多元智能理论与发展性学业述评之间有着密切的关系。具体可以从以下几个方面来理解。

第一，多元智能理论扩展了评价的维度。多元智能理论认为，人类智力不是单一的，而是由多种智能组成的，包括语言智能、逻辑—数学智能、空间智能、音乐智能、身体运动智能、人际智能、内省智能和自然观察智能等。传统的学业评价往往集中于语言智能和逻辑—数学智能，而多元智能理论则促使学业述评超越这些常规领域，关注学生在多个智能维度上的表现。

发展性学业述评可以通过多元智能的视角来识别和评价学生在不同领域中的优势和潜在发展。教师不仅要评估学生的考试成绩,还要考量他们的社交能力、运动技能、艺术表现力等。通过这样的多维度评估,教师可以帮助学生更好地认识到自己的全方位潜力,并为他们设定更个性化的发展目标。

第二,多元智能理论关注个性化发展与潜能。多元智能理论强调每个学生都有不同的智能组合,每个学生的潜能是多样的,不能仅通过单一的学术标准来衡量。与此对应,发展性学业述评重视学生的个性化成长过程,旨在发现并培养每个学生的潜能,帮助他们在各自擅长的领域中取得进步。

通过多元智能理论,教师能够更清楚地看到每个学生的独特之处,不再局限于某一固定标准来衡量学生的学业成就。发展性述评因此可以为不同智能领域的学生设定不同的成长目标,确保每个学生的潜能都能得到有效发展。例如,一个学生可能在语言智能上表现不佳,但在音乐或空间智能方面有突出才能,发展性述评将重视这些潜能,并在评价中给出具体的成长建议。

第三,为学生提供个性化反馈和学习支持。多元智能理论强调不同智能的开发需要不同的学习方式,这一理念与发展性学业述评的核心目标一致——为学生提供个性化的学习反馈和支持。通过理解学生在不同智能维度的表现,教师可以根据学生的强项和弱点,制订个性化的学习计划,帮助他们更好地发展。

发展性学业述评不仅评估学生的当前成绩,更重要的是为学生提供反馈,帮助他们识别改进的方向和策略。结合多元智能理论,教师可以为学生提供在不同智能领域中的具体反馈,例如如何通过社交活动增强人际智能,或通过创意项目培养空间智能。这种基于多元智能的个性化反馈和支持能够促进学生在多个方面的持续发展。

第四,激发学生的学习动机与自我认同。多元智能理论通过承认每个学生的多样化才能,有助于提升学生的自我认同感,增强他们的学习动机。发展性学业述评注重通过肯定学生的进步和潜力,激励他们不断提升自己的能力和表现。

在述评中,教师可以通过强调学生在优势智能领域的成就,激励他们继续追求个人成长。例如,表扬一个学生在体育活动中的出色表现能够提升其身体运动智能的自信心,并促使其在学术学习上更有动力。多元智能理论通过强调每个学生的独特价值,使学生在不同领域中感受到自身的能力,获得成就感,从而促进学习动机的提升。

第五,促进学生全面而持续的发展。发展性学业述评的核心在于关注学生的长期成长,而不是仅仅看重当前的学业成绩。多元智能理论帮助教师看到学生的全面发展潜力,确保评价不仅聚焦短期目标,也支持学生在多个智能维度的长远发展。

通过多元智能理论的视角,发展性学业述评可以帮助学生设定长期发展目标,而不仅仅局限于单一的学术成就。例如,对于在艺术或运动智能领域有天赋的学生,教师可以通过述评指导他们在未来进一步发展这些能力,鼓励他们将这些智能应用到更广泛的生活和职业选择中。

二、发展性的视角

用发展性的视角进行学生学业述评,重点关注学生的成长过程、潜力开发以及未来发展的路径,而不仅仅是他们当前的学业成绩。这样的述评关注的是学生的动态变化和个性化需求,强调持续改进与长期发展。

教师在发展性视角下进行学生学业述评时,建议遵循以下几点。

第一,用动态评估法代替传统的静态评估。动态评估法强调学生在教学支持和互动中的进步潜力,评估学生通过适当指导所能取得的进展,而不仅仅是他们当前的表现。与传统静态评估不同,动态评估将教师的反馈和指导视为评估过程的一部分,重点关注学生在学习过程中的动态变化和学习潜力。这就要求教师通过观察学生在不同类型的任务中如何逐渐掌握新技能,评估他们在不同支持条件下的表现,帮助学生了解自己的进步空间,并根据其学习能力设定未来的成长目标。教师也可通过让学生参与制定明确的学习目标并定期反思其进展,更好地引导学生自主调节学习过程。

第二,形成性评价与反馈。形成性评价强调在学习过程中提供及时、建设性的反馈,帮助学生了解自己的进展,明确改进的方向。通过持续的反馈,学生能够意识到自身的不足与优势,进而在不断调整中取得进步。形成性评价不仅仅评估学生当前的水平,还鼓励他们根据教师的反馈自我调整,以实现更长期的发展。

在发展性述评中,教师可以针对学生的个体特点,制定个性化的学习目标和成长路线。通过个性化路径,学生能够在充分发挥自己潜力的同时,不断探索新的领域和能力,并在长期发展中获得更大的成就感。

通过定期的测评和反馈,帮助学生了解自己每一步的学习进展,明确下一个学习阶段的任务。同时,反馈应侧重于学生的思维过程和学习策略,鼓励他们不断挑战自我、持续改进。

第三,长期持续性学习轨迹跟踪。每个学生的成长过程是不同的,发展性学业述评应尊重个体差异,制定符合学生个性化需求的发展路径。个性化学习路径根据学生的兴趣、优势、学习风格和潜在能力,为他们量身定制个性化的发展计划,确保他们能够在适合自己的节奏下不断提升。

发展性学业述评不仅仅关注学生当前的表现,还应重视他们的长期成长轨迹。通过定期跟踪学生在多个学期或学年的进步,教师可以更好地理解学生的学习趋势,识别其优势与挑战,并为其制订持续改进的计划。

教师可以使用电子学习档案、学习日志等工具及个性跟踪记录平台，实时记录和跟踪学生的长期学业进展。学业述评将基于这些长期数据，为学生提供个性化的改进建议，并帮助他们在未来的学习中制定明确的发展路径。

用发展性视角进行学业述评，意味着教师和导师需要从动态和长期的角度关注学生的成长过程。这种述评不仅评估学生当前的学业成绩和在校课堂或活动中的行为表现，更重视他们的潜力开发、思想动态、个性化学习需求以及未来的成长路径。通过动态评估、形成性评价、自我反思、协作学习和长期跟踪等策略，教师能够更全面、深入地理解学生的学习进展，帮助他们在学业和个人发展上持续进步，实现未来更高的目标。这种持续性的评估模式有助于促进学生的自主学习意识和能力培养，从而为国家和社会培养出更多具有创新能力和社会责任感的未来人才。

多元智能理论与发展性学业述评的结合为评价学生提供了更加全面和个性化的视角。多元智能理论为发展性述评提供了理论支持，使教师能够从不同角度审视学生的潜能，关注个体的长远成长和多方面发展。通过识别学生在不同智能领域的优势，发展性述评有助于学生在多个领域中获得成功和自我实现，实现全面的、个性化的教育发展目标。

第三节　基于个性潜能识别的学业述评实践路径

基于多元智能的个性潜能识别理论，本校在学业述评体系的构建中创新性地采取了述评与改进并进的方式，旨在全面、准确地评价学生的学业表现及发展潜力。通过多元化的评价方式，不仅关注学生的学科成绩，还深入发掘和识别学生在不同智能领域的个性潜能和优势，同时提供个性化的反馈和建议。

研制校本化学业述评指标、优化现有管理平台、制定和规范述评管理制度、学科教师自主探索多样化述评方式、强化述评结果的应用和共享这五部分都是校本化学业述评指标体系构建与优化的关键环节，它们之间存在着紧密的逻辑联系和相互促进的关系。其中研制学业述评指标是整个工作的基础，旨在根据学校的实际情况和学生的特点，制定出科学合理的学业述评指标。这些指标应能够全面、客观地反映学生的学习情况和能力水平，为后续的管理和述评提供有力的依据。管理平台是实施学业述评的重要工具，其优化能够提升述评的效率和准确性。制度是保障述评工作有序进行的关键，制定明确的述评管理制度，包括述评的流程、标准、周期等，可以确保述评工作的规范性和公正性。学科教师是实施学业述评的主体，他们的积极参与和创新是提升述评质量的关键。述评结果的应用和共享是提升述评工作价值的重要途径。通过将述评结果及时反馈给学生、家长和教师，可以促进学生的学习改进和教师的教学反思。

这五个部分之间的关系可以概括为：研制校本化学业述评指标是基础，优化管理平台是手段，制定和规范述评管理制度是保障，学科教师自主探索多样化述评方式是核心，强化述评结果的应用和共享是目的。它们相互依存、相互促进，共同构成了校本化学业述评指标体系的完整框架。

在此基础上，与学生共同制订个性化的学习计划，并提供针对性的辅导和支持，定期监测和调整学习计划，以促进学生多元智能的均衡发展。

一、研制校本化学业述评指标过程

研制述评指标是教师进行教学述评工作的基础，它涉及评价学生学习习惯、学业水平、创新精神等多个方面。述评指标是学业述评的“指南针”，它明确了学业述评的目标、重点及维度。通过研制科学合理的述评指标，教师可以更加清晰地了解自己在学业述评中应该重点关注学生哪些方面，提高述评质量。为了确保评价的科学性和规范性，课题组采用了以下步骤研制述评指标。

第一，明确评价目的。述评指标服务于学生的全面发展，旨在促进学生的个性化成长和教师的教学改进。

第二，依据课程标准。各学科的课程标准是研制述评指标的重要依据，需要确保述评指标与课程标准中的核心素养和学业质量要求相一致。

第三，设计评价框架。可以设计包括学习习惯、学科核心素养、学业水平、创新精神等在内的多维度评价框架，并为每个维度设定具体的二级指标。

第四，开发评价工具。研制“教师教学述评记录单”“学生学业述评记录单”或“教师教学述评记录本”，为教师提供规范的记录和评价工具。

第五，优化现有的信息化平台。利用大数据技术、信息技术手段等，优化学业述评和个性跟踪记录数据库，以便于教师对学生学习行为进行实时追踪及全面分析。

第六，注重过程评价。强调对学生学习过程的评价，而不仅仅是结果，关注学生的动态成长和日常表现。

第七，多元参与评价。鼓励学生、教师及学校管理者等多元主体参与评价过程，以提高评价的全面性和客观性。

此外，述评指标的研制是一个持续的过程，需要根据实施情况和反馈进行不断的调整和优化。通过这些步骤，学校研制出一套科学、合理、操作性强的述评指标体系，为教师教学述评提供明确的指导和规范。相关内容在后续章节中会展开描述。

二、优化现有管理平台

管理平台是实施学业述评的重要工具。通过技术手段，如大数据、人工智能等，对管理平台进行升级和改进，可以实现对学业数据的实时收集、分析和处理，为述评提供更加便捷和高效的支持。

为了科学规范地评价每个学生的学业发展状况，教师应当注重日常信息的搜集与整理。学校现有的个性发展跟踪记录平台为教师提供了个性潜能识别框架，用以识别学生潜能。通过这个平台，教师可以规范地记录，也可以利用其他教师对该学生的记录，尽可能地客观评估所记录学生的发展情况，确保述评工作科学规范。个性跟踪记录平台作为教师对学生学业发展过程中的变化和关键事件分析、记录的载体，确保学业述评的科学性和规范性。

个性发展跟踪记录平台虽为教师提供了一个有效的数据收集工具，但在实际应用中，必须与学科核心素养相结合，重新建构科学合理的述评结构，以确保学业述评的准确性、完整性和规范性。

首先，教师应当将个性发展跟踪平台上的信息与学科核心素养紧密结合，做到既关注学生个性化的发展，又不忽略其在学科知识和技能方面的核心表现。学科核心素养是评价学生是否具备应对未来学习和生活能力的关键指标，因此在述评时，教师不仅要记录学生的学业成绩，还要重点关注学生在各学科中的思维能力、实践能力、创新精神、合作意识等方面的表现。这种结合能够帮助教师从学科视角更加全面地评估学生的发展状况，确保述评的科学性。

其次，教师应将个性发展跟踪记录中的数据作为述评的依据之一，但同时需要综合各科教师的多角度观察和记录，确保评价的客观性与全面性。例如，通过个性跟踪记录平台，教师可以了解到学生在不同学科中的表现差异、学习进步的轨迹以及在面对学习困难时的应对方式等。基于这些信息，教师可以从多个维度评估学生的个性潜能、发展趋势和需要改进的领域，从而为学生提供更加个性化的反馈和指导。

再次，在重新建构述评结构时，学校和教师还需要考虑述评过程中的发展性评价和终结性评价的平衡。个性发展跟踪记录平台为发展性评价提供了宝贵的数据来源，教师可以通过分析日常记录，及时了解学生在学习过程中的变化与进步，并根据其表现进行及时反馈和调整教学方法。而终结性评价则应更加注重学科核心素养的最终达成情况，这需要教师对日常积累的数据进行综合分析，形成具有全局性的评价报告。

此外，学校还应通过制定具体的操作规范，指导教师如何使用个性发展跟踪记录平台，并对记录的内容、方式和频率提出明确要求。教师在平台上记录的内容应做到真实、客观、详细，避免主观性和随意性。每一项记录应基于观察到的具体行为、表现和学业数据，确保准确性和可追溯性。这种规范化的记录不仅为教师日后的述评提供了有力依据，也为学生和家长提供了更加透明、清晰的学业发展信息。

最后，为确保述评工作的科学性和规范性，学校可以通过组织教师开展定期的述评工作研讨和培训，帮助教师更好地掌握使用个性跟踪记录平台及其数据的方法。通过这样的培训和交流，教师可以学习如何在述评过程中结合学科核心素养，如何有效分析和利用跟踪记录中的数据，以及如何在述评结构中实现对学生个性化发展的全面把握。通过不断提升教师的述评能力和数据分析能力，学校可以进一步完善述评的科学性和规范性。

总之，个性发展跟踪记录平台为学业述评提供了有效的基础数据和记录工具，但有效发挥其作用还需要教师将其与学科核心素养相结合，并通过科学合理的述评结构加以应用。在这一过程中，教师的多角度记录、即时记录、记录的完整性，教师的数据分析能力以及述评能力的提升都至关重要。通过规范化的操作和结构化的述评框架，学校可以确保学业述评的科学性、公正性和发展性，真正促进学生的个性化成长与全面发展。

三、制定和规范述评管理制度

为了确保教师学业述评工作的有效执行，避免其随意性，学校层面必须建立健全教师教学述评管理制度。这一制度应明确规定述评的内容、标准和原则等具体操作问题，从制度层面规范述评工作的开展，确保其科学性、规范性和公正性。

首先，标准化述评要求学校提供明确的评价标准。教师在实施学业述评时，必须基于统一的标准进行，避免由于个别教师的偏好或个人因素导致评价的不一致性。标准化的述评体系不仅能够确保每个学生获得公平的评价，还能帮助教师更好地把握述评的核心要点。学校可以通过制定详尽的学科评估指标、过程性评价标准以及多维度的表现评估体系，确保教师在述评时有章可循。

其次，述评原则的确立对于维护述评的公正性至关重要。学业述评不仅应当公平、公正，还应做到透明化。教师在述评过程中应遵循“客观、准确、全面、发展性”的原则，客观评价学生的学业表现和综合素质，避免主观偏见或随意性。同时，学校应强调述评的“发展性”原则，即述评不应仅停留在总结过去，更要指向未来，提供建设性的反馈和改进建议，帮助学生明确下一步的学习目标和发展方向。

为了保障述评管理制度的有效执行，学校还应在制度中加入监督与反馈机制。学校可以定期组织述评工作的检查与审查，确保各教师严格按照学校规定执行述评工作。同时，学校还可以通过平台、研究人员、教师、学生等反馈渠道，了解述评的实际效果和教师执行情况，并通过这些反馈不断完善述评制度。

此外，教师的述评能力也应成为学校重点培养的方向。通过定期的述评能力培训，教师能够更好地理解述评的原则与方法，掌握科学的评价手段，从而在日常教学中有效实施学业述评。学校还可以建立教师述评经验的分享平台，鼓励教师间的交流与合作，相互借鉴优秀的述评实践，不断提升整体教学评价水平。

总之，建立健全的教师教学述评管理制度，是确保述评工作规范化、系统化和有效化的重要举措。通过对述评内容、标准、原则的详细规定，辅以监督和反馈机制，学校可以更好地推动学业述评工作的落地与执行，确保其在促进学生成长和教师教学改进中的积极作用。同时，学校还应通过专业培训和支持，提升教师的述评能力，进一步完善和优化学业述评体系，实现教育质量的持续提升。

四、学科教师自主探索多样化述评方式

因学科教学要求不同，学生个性特点的差异，教师对学生的学业述评没有统一的方式，这就需要教师运用多样化的手段去搜集、记录、分析学生的学业成长信息，自主探索学生学业发展的述评方式。

学科教师述评与学科教学之间存在着紧密且相互促进的联系。基于多元智能理论，教师通过述评活动深入反思教学实践，挖掘学生的个性潜能，制订个性化的教学计划，促进学科教学质量的提升。同时，学科教学的内容、方法及学生表现作为教师述评的重要依据，反映了教师的教学效果和创新能力。随着学科发展趋势和教学改革要求的变化，教师需要不断更新知识和技能，以适应新的教学要求，并在述评中展示自己对学科发展的理解和实践成果。

在述评信息搜集方面，教师可以在个性跟踪记录平台提供信息的基础上，将信息收集工作覆盖到日常教育教学活动中。如在课堂教学、与学生的课后交流、与学生家长的交流、作业批改等与学生直接交流的情境中，都可以有意识地观察每个学生在学习活动中的独特表现；还可以通过家访、学生谈话、问卷调查等方式搜集相关信息，以便更全面地了解学生的个性特点，从而对学生的学业发展状况作出客观评价。教师还可以借助同事搜集的信息，如通过学校导师制、班主任研讨、学科教学研讨等教学研讨活动获取该班学生学业述评的相关素材。

五、强化述评结果的应用和共享

教师教学述评的目的在于引导其全面关注教学与学生发展，以更好地改进与提升教学。为了让教学述评发挥其促进教学改进的功能，需要关注多教师多角度的参与，并强调教学述评内容的应用及教师教学述评后的教学改进工作。

为了实现多角度的评价，在学校全员导师制实施的大背景下，需要建立由导师作为主要负责人、多位教师共同参与的学业述评制度，确保述评数据的共享，并强调述评结果的实际应用。在这种制度下，导师可引领负责统筹整个述评过程，从个性跟踪记录平台提取学生数据、做初步分析，并协调各任课教师的参与，便于不同教师能够从各自的学科角度出发，对学生的学业表现进行评价。

通过述评数据的共享，任课教师可以更全面地了解学生的学习情况和成长需求，不仅能够避免单一评价的片面性，还能够通过集体讨论形成更为客观、全面的评价结论。导师将汇总各方意见，并结合学生的整体发展需求，为学生提供个性化的学习反馈和改进建议。

这一多方参与的学业述评制度特别强调结果的应用，导师和教师团队将共同根据述评结果制订具体的教学改进计划，确保评估的反馈能够有效指导后续的教学与学习。这种制度有助于加强教师之间的沟通与合作,促进教学策略的统一,同时也帮助学生更清晰地认识到自己在不同学科中的表现,从而在学习中获得更精准的指导和支持,推动学生学业水平和综合素质的全面提升。

第四节 基于个性潜能识别的学业述评实践策略

学校的个性跟踪记录系统为学业述评提供了丰富、准确且动态的学生发展数据,这一系统在学生个性化发展和综合素质评价中扮演着至关重要的角色。

一、个性跟踪记录系统

个性跟踪记录系统是一种帮助学校和教师通过系统化的方式记录、追踪和分析学生个性化发展的工具。它的主要功能是对学生的成长轨迹、优势潜能、兴趣特长等进行细致、长期的观察与记录,帮助教师更加精准地进行个性化教育,也为学校和家长提供全面的反馈与支持。以下是该系统的主要组成部分和关键功能。

1. 多维度的个性化数据记录

个性跟踪记录系统通过多维度全面记录学生的成长信息,确保能够精确反映学生的个性发展,这些维度包括学术表现(如学科成绩、作业完成情况和学习进度)、兴趣爱好(如课外活动、艺术、科技、体育等方面的参与情况)、行为习惯与社交能力(如日常生活中的行为表现、社交技巧和团队合作情况)、创新与思维发展(如项目学习、创意表达和解决问题的能力)以及心理与情感状态(如心理健康状况、情绪管理能力和情感表达方式)。

2. 连续动态化的行为记录

个性卡记录(撰写功能)是系统中的核心功能,它致力于为每位学生构建全面的个性化档案,详细且动态地记录其在日常课堂及课外活动中的学习风格、思维习惯、兴趣动态、社交互动等日常观察情况,同时针对学生的特长或发展潜能(特殊能力)进行专项观察与跟踪,如科学创新方面的科研项目、发明或创造等,并通过系统的动态更新功能,确保个性卡中的信息能够实时反映学生的最新表现与变化。

3. 个性化成长报告生成

系统可以根据收集到的个性化数据,自动生成定期的成长报告。这些报告不仅涵盖学生在各个维度上的表现,还通过图表、文字等多种方式展现学生的优势、进步与发展潜力。

报告的生成功能涵盖了多个关键方面,以全面展示学生的成长状况。首先,通过趋势分析功能,系统利用图表直观呈现学生在学术、兴趣、行为等方面的发展趋势,使教师和家长能够清晰地了解学生的成长变化。其次,系统通过数据分析,精准指出学生的特长与不足,明确其优势领域和需要改进的地方,并据此提供个性化的教学建议,助力学生扬长避短。此外,报告还融入了教师的激励性评价和未来发展建议,旨在通过正面反馈激发学生的内在动力,促进其自我反思与持续改进。值得一提的是,系统还创新性地加入了学生优势潜能雷达图,以直观的方式展现学生在不同智能领域的潜能分布,为学生的个性化发展提供有力支持。

4. 自定义跟踪指标

教师可以根据班级或个体学生的特点,灵活设置跟踪指标。例如,对于具有艺术天赋的学生,系统可以添加关于其绘画、音乐等方面的专门记录维度;而对于学术型学生,系统则侧重于记录其在课题研究、学科竞赛中的表现。这种灵活的跟踪方式使得系统具有高度的适应性,能够根据不同学生的特点进行个性化记录。

5. 数据共享与教师间的沟通

个性跟踪记录系统是一个功能全面的平台，它允许教师、班主任和导师在各自权限范围内即时访问学生的相关信息，从而有效促进三方之间的沟通与合作。主要功能包括即时反馈，使教师能够随时掌握所关注学生的最新表现和成长情况，并设有预警功能，当发现学生存在潜在问题时，记录教师可以选择邀请班主任、学生导师、心理教师或者校领导一同关注并介入解决，共同为学生的健康成长护航。

6. 分析与评估工具

系统内置了数据分析功能，帮助教师评估学生的成长进展，识别发展中的问题和潜力。分析功能可以包括：

第一，个性化评估。通过系统对比学生在多个维度的表现，教师能够更精准地识别学生的潜力领域，量化其优势与不足。

第二，个性发展趋势预测。系统通过历史数据分析，预测学生在未来某一领域的发展趋势，帮助教师提前进行教育干预或提供额外支持。

第三，进行班级群体分析或者选择个体与全体样本进行比较。系统也可以针对个体与整个班级或年级数据进行比较分析，识别个体优势潜能及集体个性发展的整体趋势，为学校教学决策提供数据支持。

7. 长程追踪与成长档案

系统支持对学生的长期跟踪，确保学生的个性化成长记录能够贯穿小学、初中、高中的整个阶段。这些档案不仅可以帮助教师回顾学生的成长历程，也为未来的教育规划提供依据。无论是升学推荐，还是职业规划，这些档案都能为学生提供有力的支持。

个性跟踪记录系统通过多维度的个性化记录和分析，帮助学校和教师精准掌握学生的成长状况，推动个性化教育的发展。通过灵活的记录、深度的分析、有效的家校沟通以及定期生成的个性化成长报告，该系统不仅能够为学生提供更加有针对性的教育支持，也能为教师的专业发展和家校合作提供强大的技术支撑。这种系统的应用，既能够提升教学效果，又为每个学生的潜力发展和个性成长提供了全方位的保障。

二、与众不同案例

与众不同案例与述评之间存在着密切且相辅相成的关系，它们共同构成了对学生个性化发展全面而深入的评价体系。

与众不同案例，作为记录学生个性发展的重要依据，侧重于捕捉那些能够体现学生独特性格、创新思维、特殊才能或成长转变的具体事件或活动项目。这些案例往往超越了传统学业成绩的范畴，聚焦于学生的非智力因素，如领导力、团队合作、社会责任感、艺术创造力、科技探索精神、思维特点、特殊能力等。通过详细记录学生在特定情境下的表现、思考过程、解决方案及最终成果，与众不同案例生动展现了学生多样化的潜能和特长，为教育者、家长乃至学生本人提供了宝贵的自我认知和发展方向参考。

述评，则是一种结合了叙述与评价的综合性文本形式，它通过对与众不同案例的深度剖析，以客观、细致且富有洞察力的语言，对学生的优势潜能特长进行描摹和解读。述评不仅复述案例中的关键事件和成果，更重要的是，它深入挖掘这些事件背后的原因、动机、策略运用以及学生所展现出的特定能力和品质。述评还会结合教育理论、心理学原理及行为发生的真实情境，对学生的表现进行专业评价，指出其发展的亮点、潜在挑战及未来可能的发展方向。通过这种方式，述评不仅是对学生过去成就的认可，更是对其未来潜力的展望和激励。

两者结合，既保证了评价的全面性和深度，又体现了评价的个性化和前瞻性。与众不同案例为述评提供了丰富、真实的数据支撑，使得评价有据可依；而述评则通过对案例的深刻解读，赋予了这些数据以意义和价值，帮助学生、教师和家长更加清晰地认识到学生的独特之处和发展需求。这样的评价体系,有助于激发学生的内在动力,促进其全面发展,同时也为学校和家庭提供了更加科学、有效的教育指导策略,共同助力学生成长为具有创新精神和社会责任感的未来人才。

教师通过个性卡记录与日常观察,以教育叙事的形式描绘每个学生的成长轨迹。这种方式不仅客观地记录了学生的学业进步,还深入刻画了学生的潜在优势、个性特征和独特的潜能。与众不同案例有以下特点:

1. 个性化的全景呈现。通过教育叙事,教师能够在日常教学过程中敏锐捕捉到学生独特的行为、思维方式以及特长表现,继而以文字叙述的方式呈现学生的发展历程。这种叙事不仅记录了学生在学科上的优异表现,还展示了他们在创新、合作、问题解决等非学术领域中的长处,使得每一个学生的学习经历更具立体感和生动性。

2. 尊重学生的独特性。教育叙事中,教师以尊重和欣赏的态度审视学生的发展,不以固定的标准束缚学生,而是通过细腻的观察和记录,尊重他们在不同情境中的表现与成长。这种做法摒弃了“千篇一律”的评估模式,凸显了每位学生的唯一性,帮助教师更好地理解学生的个性和潜力。

3. 学生优势潜能的发掘与引导。通过长期的记录与观察,教师能够更加精准地识别学生的潜能,并基于其优势特征提供个性化的支持。例如,对于一名在课堂上展现出强烈科学兴趣的学生,教师通过日常叙事的积累,及时发现其在编程和物理领域的优势,并引导其参加相关的科技创新项目。在这个过程中,教师不仅是学生潜能的“观察者”,也是其发展的“引领者”。

4. 学生发展的全程跟踪。与一般的学期总结不同,教育叙事强调对学生日常行为和表现的持续跟踪和记录,能够形成一条清晰的学生成长轨迹线。从日常的小行为、小变化到长期的成长脉络,教师可以通过叙事累积对学生成长的全面理解,并根据学生在不同阶段的变化灵活调整教学策略。有一位教师全程跟踪一位学生，也有多位教师分别在不同学段接力观察记录学生。

在教育叙事的背景下，每一份学生案例都充满了个性化的洞见，这种记录方式不仅帮助教师理解学生，还成了教师之间分享与交流的宝贵资源。通过这些案例的汇编，学校能够在教师团队中建立一种持续反思与学习的文化，推动教学实践的不断创新与完善。

同时，这些基于个性卡和教育叙事的案例也可以为家长提供清晰的反馈，使他们更加了解孩子的潜能与发展方向，进而与学校形成更加紧密的教育合作关系。

这种以个性卡记录和教育叙事为基础的学生案例，不仅反映了上海市实验学校在教育理念上的前瞻性，也为教育工作者如何尊重学生独特性和引导学生潜能的发展提供了实际的操作指南。这一模式成功将理论与实践相结合，通过细致入微的记录与反思，帮助学生在尊重个性的环境中实现全面的、独特的成长。这种做法不仅为学生提供了更具个性化的教育支持，也为其他学校的教师专业发展提供了可借鉴的范例。

案例与述评在教学评价中相辅相成，案例为述评提供实证材料、揭示问题本质，而述评则通过总结归纳与改进建议深化案例价值，两者相互补充、促进，共同推动教学实践的创新与发展。以下是几个典型的述评案例，展现了学校在培养学生综合素质、个性发展方面的与众不同之处，为学生述评奠定基础。

案例1:跨学科创新的“小科学家”

一名小学阶段的学生对科学非常感兴趣，尤其在机器人和编程方面表现出色。学校通过提供跨学科的课程和丰富的课外科技活动，帮助他充分发挥潜能。这名学生不仅在校内科技创新比赛中屡获殊荣，还代表学校参加了全国青少年科技创新大赛，并获得了优异成绩。在学校教师的个性化指导下，他将编程与数学、物理等学科知识结合，开发了多个实用的小发明，展现了跨学科创新能力。

案例 2：艺术与学术并行的“全能学生”

这名学生在初中阶段展现了对音乐、绘画和学术研究的强烈兴趣。学校根据他的兴趣与特长，安排了个性化的培养计划，既保证了他在学术课程中的优异表现，又通过学校的艺术特长班帮助他提升艺术技能。他不仅在校内的各类艺术比赛中获得名次，还在校外音乐赛事中崭露头角。同时，他在学术上表现出色，多次在市级学术论文比赛中获奖。这体现了学校在平衡学生多方面发展上的独到之处。

案例 3：多元文化背景下的“全球公民”

一名来自外籍家庭的学生在语言学习和文化适应上遇到了挑战。上海市实验学校提供了专门的双语课程和多元文化活动，帮助他逐步适应中国的学习环境。通过学校设立的“全球视野”课程，这名学生不仅提高了中文水平，还掌握了东西方文化差异的知识，增强了跨文化沟通能力。如今，他积极参与国际交流项目，展现出“全球公民”的气质，学校为他未来的国际化发展打下了坚实基础。

案例 4：勇于挑战自我的“体育健将”

一名学生在体育方面表现尤为突出，尤其擅长球类项目。学校为这名学生量身定制培养方案，在学业和体育训练之间找到了平衡点。经过系统的训练，这名学生在市级球类比赛中屡获奖牌，甚至有机会参加更高级别的赛事。同时，学校通过“体教结合”模式，确保他在体育之外的学术水平也保持优秀，为未来升学和职业发展提供了多样选择。

以案例 1 为例，案例与述评之间的关系体现在以下几个方面：

第一，教师要呈现具体情境与成就。案例详细描述了学生对科学的浓厚兴趣，特别是在机器人和编程方面的天赋。学校通过提供跨学科课程和丰富的课外科技活动，为他创造了良好的成长环境。学生在校内外的科技创新比赛中取得优异成绩，并开发了多个实用小发明。这些都是案例的具体内容和学生取得的成就。

第二，教师要注重学生的个性发展。案例展示了学生在跨学科创新方面的独特才能和持续努力，这体现了学校在培养学生综合素质和个性发展方面的与众不同之处。

第三，述评的作用体现在深度剖析与解读上。述评将对案例中的关键事件和成果进行深度剖析，如学生如何将编程与数学、物理等学科结合，以及这些结合如何促进了他的创新思维和实践能力。述评还会分析学生背后的动机、策略运用和特定能力，从而揭示其成功的内在因素。

第四，既述也要评，为学生学习把握未来方向。述评将基于教育理论、心理学原理或行业趋势，对学生的表现进行专业评价。它不仅认可学生在过去取得的成就，还会指出其未来发展的潜力和可能面临的挑战。例如，述评可能会提到学生未来在STEM（科学、技术、工程和数学）领域的发展潜力，以及如何通过持续学习和实践来进一步提升跨学科创新能力。

第五，在述评中，要涵盖教师教育指导策略。基于案例和述评的分析，学校和教师可以制定更加科学、有效的教育指导策略，以支持学生的个性化发展。这些策略可能包括提供更深入的跨学科课程、加强实践机会、鼓励学生参与更高层次的科技创新竞赛等。

案例与述评相辅相成。案例提供了丰富的数据和事实，而述评则对这些数据和事实进行了深度解读和评价，两者共同构成了对学生综合素质和个性发展的全面评价。案例和述评的结合有助于教师、家长和学生本人更加清晰地认识到学生的独特之处和发展需求，从而制订更加个性化的教育和发展计划。案例中的成功故事和述评中的专业评价共同构成了对学生持续激励的源泉，激发他们不断探索、创新和发展自己的潜能。

综上所述，案例1与述评之间存在着密切且相辅相成的关系，它们共同构成了对学生综合素质和个性发展的全面、深入且个性化的评价体系。

三、学校学业述评的其他助力措施

1. 技术平台

从学校潜能识别与培育的实践模型整体来看，个性跟踪记录系统只是我们众多评价工具中的一种。它的功能是为教师开展针对学生的静态评估和动态跟踪提供实证数据。对于实证数据的应用，才是研究的初心。教师可从平台调取他关注的学生，以此为基础，再结合他所教学科的核心素养和育人目标，进行精准学业述评，改进教学，最终达成初心目标——提升育人效果。

在个性跟踪系统的数据挖掘过程中，学校充分利用大数据技术，结合个性化的评估工具，进一步细化学生的潜能特征。每位学生的个性发展轨迹在系统中被系统性地记录和分析，为教师提供了可视化的个人潜能图谱。这些数据不仅限于学生的智力表现，还包括情感、社会性等非认知领域的表现。这些多维度的数据为教师提供了丰富的背景信息，帮助他们更全面地了解学生的潜能，并为个性化的教学干预奠定了基础。

2. 导师评价

2023年，上海市教育委员会印发了《上海市中小学生全员导师制工作方案》，方案中规定，“中小学校要为每一个学生配备导师……学校应在尊重学生自主权和选择权基础上，根据实际情况做好导师与学生的匹配。对具有特定发展需求的学生，可以由其导师联动其他教师共同提供指导……”①

可以发现，学校层面不仅要为每位学生精心配备导师，还特别强调了导师的联动角色，使之成为学业述评的核心纽带。此外，导师评价内容需全面体现其在学生个性化指导上的深度与广度，具体包括：结合学生的个性平台基础数据进行精准述评，识别并满足学生的个性化需求；提供有效的学习策略、心理健康支持和生涯发展指导，助力学生全面发展；确保学业述评与反馈的及时性、针对性和有效性，同时与班主任及其他教师保持密切沟通；展现与其他教师的卓越协作能力，灵活协调资源以应对学生的特定发展需求；构建基于尊重与理解的良好师生关系，鼓励学生个性表达，树立正面榜样。此外，导师的专业成长与自我提升，如紧跟教育趋势持续学习、积极参与培训交流及深度反思总结等，同样是评价不可或缺的一环。

综上所述，构建一个完善的导师评价体系，需着重考察导师如何结合学生个性平台基础数据进行精准述评，以及其在学生个性化指导、学业反馈、团队协作、师生关系构建和专业发展等多个维度的综合表现。这一体系旨在激励导师不断精进指导技巧，优化工作方法，确保导师制能够高效运行，为每位学生提供量身定制的教育支持，促进其潜能的最大化发展。

在上海市中小学生全员导师制的背景下，学校的这一实践模型体现了个性化教育的精髓：通过精准的数据分析和全面的学业述评，不断提升教学的精准度与针对性，确保每一位学生都能在自己的潜能领域获得最大的发展空间。这一过程不仅帮助学生在学术上取得进步，也促进了他们在创新能力、社会责任感等核心素养上的全面提升，为未来的学习和职业发展打下坚实的基础。

---

①　上海市教育委员会. 上海市中小学生全员导师制工作方案[EB/OL]. [2023－08－04] https://www.shanghai.gov.cn/gwk/search/content/78fd57e4cf62423e8654a365f5b75a87.

四、个性跟踪记录、与众不同案例与学业述评的关系

个性跟踪记录、与众不同案例和学业述评之间具有紧密的内在一致性，它们共同构成了对学生全面、个性化发展的观察、记录与反馈体系。三者的内在一致性体现在以下几个方面。

1. 个性化发展的共同目标

个性跟踪记录、与众不同案例和学业述评都以促进学生的个性化发展为核心目标。三者不仅关注学生的学术表现，更着眼于他们的独特优势、潜能和个性发展。

这三者都强调尊重学生的独特性，关注其潜在的长处和个性化发展需求，从而形成一个整体一致的教育目标体系。

2. 基于真实数据的观察与记录

三者都依赖于教师对学生日常学习与生活表现的真实观察。

个性跟踪记录为与众不同案例和学业述评提供了详细、可靠的基础数据。这些数据来自教师对学生在学术、兴趣、行为习惯等方面的长期跟踪与记录。

与众不同案例基于个性跟踪记录中的具体数据，通过教育叙事方式，将个性化的观察呈现为案例，从而为学业述评提供细腻的背景和实例。

学业述评则由学科教师借助这些日常数据和叙事案例，结合学科学习要求和学生优势潜能对学生在某一阶段的学术与个性发展进行全面的总结性评价。

三者相辅相成：个性跟踪记录提供了事实依据，与众不同案例丰富了学生的个性化叙述，而学业述评则将这些信息进行总结和提升。

3. 全方位发展评估

三者共同构建了对学生全方位发展的评估体系，不仅关注学术表

现,也重视学生在个性、兴趣、心理和社会能力方面的成长。

个性跟踪记录:教师记录学生的多维表现,包括学术、艺术、社交、心理等方面,形成全面的成长档案。

与众不同案例:通过个性化叙事,描绘学生在学术之外的优势和潜力,如创新能力、领导力、跨学科表现等,补充述评中的个性化维度。

学业述评:总结学生的学业进步,同时将个性跟踪记录与案例中的信息融入评价,确保对学生进行全方位、多角度的评价。

这意味着,三者共同实现了学术、个性、社会和情感发展等多维度的评估,确保学生的成长得到全面关注。

4. 动态评价与静态评价的结合

个性跟踪记录、与众不同案例和学业述评形成了动态评价和静态评价的有机结合。

个性跟踪记录:提供了学生在各个阶段的动态数据,实时记录其成长与变化。这些数据是连续的、随时间变化而更新的。

与众不同案例:从这些动态数据中提炼出独特的个案,为学生的成长提供了具体的叙事例证。这种叙事本质上是对学生某一特定发展阶段的定性分析。

学业述评:在某一学期或学年末进行静态总结,综合个性记录和叙事案例,给出整体的学业评价和个性评价。

这种动态与静态的结合,使教师既能跟踪学生的日常表现,又能在特定阶段对其成长进行深刻的总结和反思。

5. 个性化教学反馈与调整

三者在教学反馈和教学策略调整上具有一致性。

个性跟踪记录:帮助教师根据学生个性化的成长数据,及时调整教学策略,以更好地满足学生的个性化发展需求。

与众不同案例:通过叙事案例,教师可以看到自己在教学中的干预效果,进而对学生的个性潜力有更深层的理解,从而对后续教学做出针对性调整。

学业述评：通过个性化的述评，教师能够为学生提供具有激励性、方向性的反馈，帮助他们进一步明确成长方向，也为下一阶段的教学提供参考。

三者协同作用，确保教学反馈与调整能够针对学生的独特需求进行优化，从而促进学生的持续进步。

6. 教师的专业发展与反思

个性跟踪记录、与众不同案例和学业述评不仅有助于学生的个性化成长，也推动了教师的专业发展。个性跟踪记录要求教师对学生进行深入、细致的观察与记录，促使教师不断提升观察、记录与分析的能力；与众不同案例要求教师通过叙事的方式，反思自己的教育实践，深入了解学生的个性特征和发展潜力；学业述评则促使教师具备一定的评价素养，对一段时间内的教学效果进行总结和反思，从而改进未来的教学方法。这种反思与实践的结合，提升了教师在个性化教育中的专业素养，并促进了教学质量的不断提升。

个性跟踪记录、与众不同案例和学业述评之间有着紧密的内在一致性。三者在目标、数据基础、评估维度、反馈机制等方面相辅相成，共同构建了一个全面、动态且个性化的学生评价体系。这不仅帮助教师更好地理解和支持学生的个性化发展，也推动了教师专业能力的提升，使得教学更具针对性和有效性。

第五节　基于学生个性分析的学业述评框架构建

学校的个性跟踪记录系统是一种旨在收集和分析学生个性数据，以便于教师和学校管理者能够更深入地了解学生的行为和状态，并据此提供个性化教育和干预的工具。学业述评校本化实践框架是指各学校根据各自的教育理念、学生特点和实际情况，建立的一套个性化的学生学业评价体系。上实基于学生个性跟踪的学业述评校本化实践框架作为一个综合性的教育评价体系，借助学校独有的个性跟踪记录系统，结合教师的专业评估，对学生的学习效果进行述评，并提出针对性建议，从而促进学生的全面发展。

一、校本化学业述评支架构建逻辑

受刘绿芹（2022）等学者提出的“学业述评的基本路径”的启发①，我们在建构的过程中也将“阐释—确证—建构”作为学业述评的内在逻辑，遵循“个性记录系统数据提取、学生与众不同描述、学科学业述评”的程序逻辑开展学业述评。其中基于个性维度的多角度客观记录，由任教该学生的所有教师提供，系统中可以提取；关注该学生的导师或学科教师进行学生优势潜能描述，随后教师基于学科素养和学习效果进行评价和针对性的教学指导。但在每一步实施时，结合本校现有资源和平台数据，进行了校本化优化。

“阐释—确证—建构”是构建学生学业述评和未来发展规划的核心逻辑，每一部分都对学生的学习和成长进行层层剖析，帮助教师更好地为学生提供个性化的教育支持。下面是对这三步的具体阐释：

1. 阐释

在这一阶段，教师基于系统中提取的个性记录数据，结合学生在课堂内外的表现，深入分析学生的学习过程。这不仅仅是描述学生的成绩和学术能力，还包括学生的个性行为特点、学习习惯、思维模式、学科兴趣以及课堂参与度。教师在这一阶段会重点关注学生的优势、潜能和独特性，为后续的确证和建构提供初步的框架。例如，教师可能会阐

① 刘绿芹，李润洲.学业述评：日常学生评价的理性追求[J].中国教育学刊，2022(9)：32—39.

述一个学生在某一学科的学习中表现出色，擅长解决复杂问题，且在小组讨论中积极发言并提出独特见解。

2. 确证

确证是对教师阐述的验证。教师将基于实际的学术数据和学习成果来确认之前的阐述是否成立。此阶段不仅通过学生的成绩、作品、课堂表现来验证，还可能通过学期中记录的任务完成情况、反馈意见等方式，客观证明学生在阐释阶段所展示的能力和潜力。例如，教师可能会通过展示该学生在期中考试、项目报告或小组讨论中的具体表现，来确证该学生的独特优势。确证的目的是确保所有的反馈都以数据和实际表现为依据。

3. 建构

建构是这一述评过程的最后一环，也是最关键的一步。在经过阐释和确证后，教师将基于学生的优势和潜能，提出下一步的学习计划和发展方向。这不仅限于提升学生已有的能力，还包括帮助学生弥补弱项，进一步发展学术素养。建构的目的是引导学生未来的学习和成长，提供具体的教学指导和个性化的学习建议。例如，教师可以建议该学生在某一领域进行更深入的学习，或者参与某些拓展性的学术活动，如学科竞赛、实验项目等，以进一步挖掘其潜能。同时，教师可能会针对学生的学习弱项，提供个性化的改进方案，如制订特定的练习计划，或在特定方面给予更多关注。

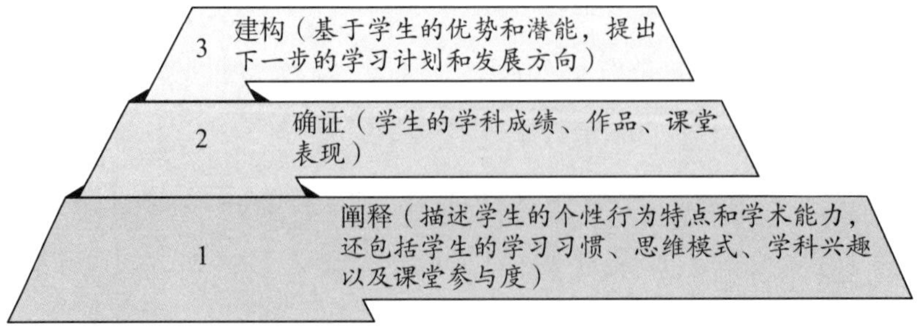

图 4-1　校本化学业述评逻辑结构图

通过"阐释—确证—建构"的逻辑，学业述评不仅可以帮助学生了解自己的现状，还能够为其未来的学术发展提供明确的方向和支持。这一流程强调了评估的多角度和客观性，并且通过逐层递进的方式，帮助学生更好地构建自己的学术成长路径。

二、校本化学业述评支架

结合学校现有学生个性潜能跟踪记录研究基础，课题组设计了学业述评的操作维度记录表，作为学业述评的基础数据收集工具。

表 4－1　上海市实验学校校本化学业述评基础数据收集框架

参照维度	个性维度一级指标（10 项）	个性维度二级指标（67 项）	学科核心素养	综合素养
数据收集的类型	个性行为记录（碎片化）＋行为评估记录		课堂表现、作业作品	作业、作品
	与众不同案例（描述性文本）		学科考试成绩	活动表现

上述是关于上海市实验学校校本化学业述评基础数据收集的框架，数据收集参考学生个性维度的一级指标和二级指标，以及学科核心素养和综合素养等。框架中的个性维度一级指标共有 10 项，二级指标 67 项，该部分的数据是对学生个性和行为的全面考量，每名学生的有效数据取决于系统中教师记录数据的质量，数据类型包括个性行为记录和行为评估记录，这些记录是碎片化的。另外，还需要教师收集学生的课堂表现描述性评价、学生作业作品及教师对于所关注学生的与众不同的案例描述性文本。此外，还包括学科日常考试成绩和学生在学校"四节"中的活动表现，这些数据将用于综合评估学生的学业表现。整体上，这个框架旨在通过多维度的数据收集，为后续全面评价学生的学业成就和个人发展奠定基础。

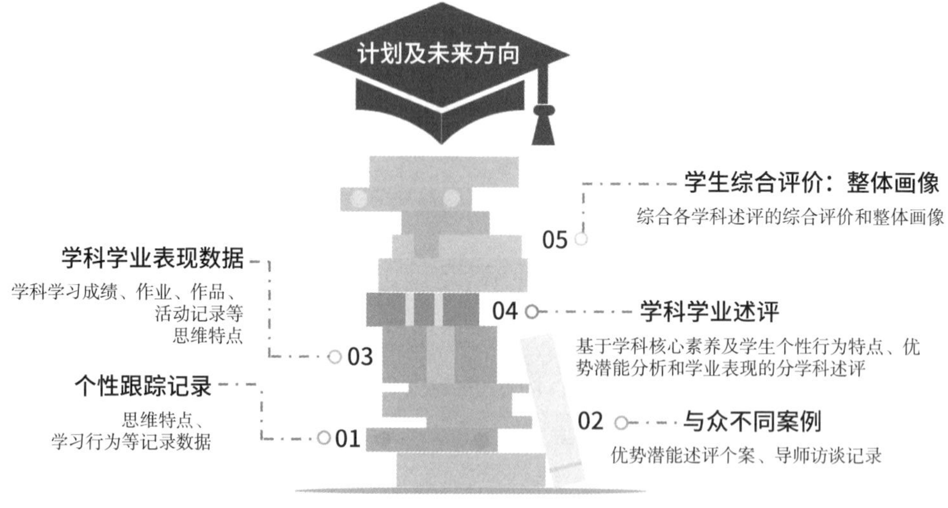

图 4-2　上海市实验学校高一(1)班 A 同学的学业述评架构图

图 4-2 构建了一名学生学业述评及学业诊断的示例，目的是以一种综合和个性化的方式来评估和支持该学生的学业发展，其基本步骤是：

第一，从学校跟踪记录系统(所有任教、记录教师每天随时记录)调取基于个性维度的多角度客观记录。

第二，从学校教师专业发展平台、教师随笔栏目及每学期的教师作业中收集该学生的与众不同案例，同时从导师处获取访谈记录。

第三，收集该学生的学科学业成绩、反思、教师评语、作品、作业、课堂表现记录、活动记录等。

第四，由学科教师参照分析资料的框架对现有资料进行初步分析，基于学科核心素养和该学生的优势潜能及短板进行学科学习效果的评论性描述，完成学科学业述评表单。描述可以针对学生短板，也可以针对个性优势，后期更有针对性指导和跟进。

第五，由全员导师或班主任综合学科教师提供的数据，对该学生进行综合评价。

三、校本化学业述评中的述评数据分析

在追求教育公平和质量的当代，个性化学业述评及诊断成为教育领域的一个重要趋势。学业述评主要包括“核心素养＋一级指标＋二级指标＋学科学习优势/短板＋具体表现描述＋学法指导”板块。

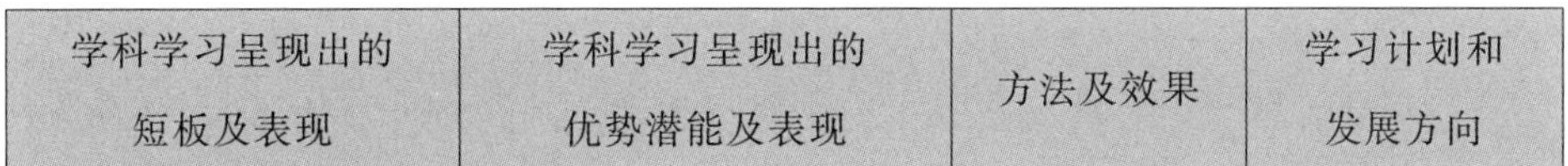

学科学习呈现出的短板及表现	学科学习呈现出的优势潜能及表现	方法及效果	学习计划和发展方向

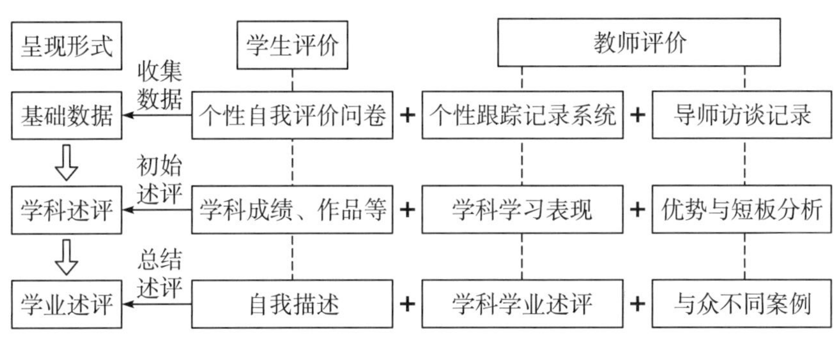

图 4－3　上海市实验学校学业述评数据分析框架

整个框架旨在通过诊断学生的学业表现，了解他们的学科知识掌握情况，分析他们在学习过程中使用的策略，评估可用的学习资源，最终提供针对性的学习建议，以促进学生的个性化学习和发展。

首先，我们从核心的性能指标入手，包括基础的认知能力，如记忆，以及更具体的行为特征如教授性和活动性。然后，我们审视学生对关键学科知识的掌握程度，从而确保学习的基础扎实。

其次，我们探讨学生在学习过程中采用的策略，诸如积极的学习态度和目标导向的学习方法，这些都是学习成功的关键因素。同时，我们也考量学生能够接触和利用的学科学习资源，这包括传统的课堂材料和现代的网络信息资源。

最后，我们根据上述评估为每位学生提供个性化的学习方式建议。这些建议旨在引导学生以最适合他们自身特点的方式进行学习，例如通过游戏化学习提升学习兴趣和效率。

我们的诊断框架重视多角度的评估和个性化的教学方法，旨在为每位学生提供一个全方位的学习支持体系，助力他们实现最佳的学业表现。

基于个性跟踪系统的学业述评，不仅是对学生学业表现的评估，更是对他们个性化发展的全景描绘。教师通过数据分析与个性化的学业反馈，能够实时了解学生的学习进展，并根据需求进行教学调整。例如，对于某些表现出特殊天赋的学生，学校可能会安排校外实践活动或名师指导，进一步拓展他们的视野；对于在某些领域表现较弱的学生，则可能会提供小组学习或课后补习，以提升他们的学习效果。

作为参与该项目的教师，具体执行学业述评框架时，可以从以下几个方面入手。

1. 数据提取与分析

从系统提取数据。首先，教师需要从个性记录系统中提取所任教学生的相关数据。这些数据可能包括课堂表现、参与度、作业完成情况以及其他与学生个性相关的客观记录。通过系统数据，教师能够更全面地了解学生的学习习惯、兴趣以及优势领域。

多角度分析学生表现。结合系统提供的数据以及教师对学生的日常观察，分析学生在课堂和学科中的表现。这里的重点不仅仅是学术能力，还包括学生的学习态度、与同学的互动、创新思维等。要确保教师所提供的描述能够体现学生的个性化特征。

2. 学生与众不同的描述

深入挖掘学生的独特性。在这一阶段，教师需要根据所教授的学科内容，挖掘每个学生在该学科中的独特优势。可以通过他们在课堂中展示的潜能、解决问题的能力、独特的思维方式，甚至是他们的学习态度和努力程度来进行个性化的描述。

考虑学生的个性维度。每个学生的学习方式和理解能力不同，教师可以根据他们的个性特征来描述其与众不同的地方。关注他们的优点、长处，同时明确他们的学习潜能在哪里。

3. 学科学业述评

基于学科素养进行评价。在评价阶段，教师需要根据学生在该学科的表现，给出具体的反馈。例如，在理科科目中，学生的逻辑思维能力、问题解决能力和实验操作能力等；在文科科目中，学生的表达能力、写作能力、批判性思维等。基于具体的学科素养，提出针对性的学术评估。

关注学习效果。结合学生在测验、作业、课堂表现中的实际成果，综合评估其学习效果。可以具体描述学生在哪些方面已经取得显著进步，在哪些方面还有改进空间。

4. 提供针对性的教学指导

个性化的学习建议。基于学生的优势和需要改进的地方，给出个性化的指导建议。例如，如果学生在逻辑思维上表现优异，可以建议其挑战更高难度的题目；如果学生在表达能力上需要提升，可以提供更多的练习机会或引导其参与课堂讨论。

引导未来发展方向。对于表现优秀的学生，可以建议他们参与学科竞赛、阅读更多相关的书籍或参加实验项目。对于在某些方面有困难的学生，可以提供具体的改进策略，帮助他们一步步提高。

5. “阐释—确证—建构”实施

阐释阶段。用具体的例子描述学生在该教师学科中的表现。例如，“该生在数学问题的解答过程中表现出较强的分析能力，能灵活运用所学知识”。

确证阶段。通过具体的成绩和表现来证明这一描述。例如，“在期末考试中，学生的数学成绩达到了 95 分，展现了他对该知识点的扎实掌握”。

建构阶段。为学生提供发展建议。例如,“建议该生参与下一学期的数学竞赛,进一步提升其解题速度和逻辑思维能力”。

通过这些步骤,教师可以为每个学生提供深刻、个性化的学业述评,并有效地帮助学生实现学术进步和成长。

在本章节中,我们深入探讨了学生个性潜能的重要性,以及它如何与学业表现紧密相连。我们了解到,个性潜能的识别是教育过程中的一个关键环节,它不仅包括学生的天赋和才能,还涉及情感、社会交往和动机等多个维度的识别。这些潜能对学生的学习方法、面对挑战的策略以及学业成就都有着不可忽视的影响。通过科学的评估工具和方法,我们能够更准确地识别和了解每个学生的独特潜能,进而为他们提供个性化的教育支持和学业述评。

随着我们对个性潜能的深入理解,我们认识到,为了促进学生的全面发展和学业提升,教育评价不应仅仅局限于学术成绩,而应更加关注学生的个性化成长路径。这种评价方式有助于我们更好地支持学生,帮助他们发掘和利用自己的优势,克服挑战,实现自我超越。

在接下来的章节中,我们将转向具体的学科学业述评案例,展示如何将个性潜能的识别应用于实际教学和评价中。我们将通过一系列实例,探讨教师如何利用学生的个性化信息,进行有效的学业述评,以及这些述评如何帮助学生在不同学科领域取得进步。这些案例将为我们提供一个实践框架,指导教育工作者如何在日常工作中实施个性化教育,从而促进每个学生的全面发展。通过这些案例,我们期望能够启发更多的教育实践者,共同为学生的个性化成长和学业成功贡献力量。

第五章　基于学科学业述评的学生综合评价

本章旨在探讨基于学科核心素养与学科关键能力的内涵与相互关系，探究学科学业述评的综合评价。这种评价不仅关注学生的学科知识掌握情况，更注重培养他们的批判性思维、创新精神、实践能力以及情感态度与价值观的发展。我们将阐述如何在学科教学中平衡素养与能力之间的关系，探讨各学科如何结合学科核心素养要求及学生个性特征进行学业述评，如何通过科学的学业述评结果调整教学设计和教学指导策略，帮助学生实现全面发展。我们将提供具体的评价维度和操作建议，帮助教师在实际教学中更好地落实评价目标。通过基于学科核心素养的学业述评，班主任及生涯导师能够更加全面地了解学生在不同学科中的表现，并为他们的未来学习和成长提供有针对性的指导。

第一节　学科核心素养与学科关键能力

学科核心素养与学科关键能力是教育领域中的两个重要概念，它们既相互联系又有所区别。

一、学科核心素养

根据中华人民共和国教育部出台的义务教育阶段学科课程标准，学科核心素养是学科育人价值的集中体现，是学生通过学科学习而逐步形成的正确价值观、必备品格和关键能力。[①] 它强调学生通过学习该学科能够形成对该学科领域的本质理解，并在生活与学习中灵活运用这些知识，强调培养学生全面发展的能力，注重思维能力、问题解决能

① 中华人民共和国教育部.义务教育语文课程标准(2022 年版)[M].北京：北京师范大学出版社，2022：4.

力、创新精神以及实践应用等方面。它不仅仅关注学生的知识掌握能力，更关注学生在具体情境中的综合应用能力。

课程标准中明确指出，中国学生发展核心素养是党的教育方针的具体化、细化。为建立核心素养与课程教学的内在联系，充分挖掘各学科课程教学对全面贯彻党的教育方针、落实立德树人根本任务、发展素质教育的独特育人价值，各学科基于学科本质凝练了本学科的核心素养，明确了学生学习该学科课程后应达成的正确价值观、必备品格和关键能力，对知识与技能、过程与方法、情感态度与价值观三维目标进行了整合。[①]

二、学科关键能力

学科核心素养是学科育人价值的集中体现，是学生通过学科学习而逐步形成的正确价值观、必备品格和关键能力。在核心素养的概念中提到了“关键能力”。学科关键能力是指学习者在面对与该学科相关的生活实践或学习探索问题情境时，高质量地认识问题、分析问题、解决问题所必须具备的能力。它是学习者适应时代要求、支撑其终身发展的能力基础，也是培育核心价值、发展学科素养的重要能力基础。关键能力更多的是指学科内部的技能和方法，比如在数学中，核心能力可能包括逻辑推理、数学建模等；在语文中则可能涉及阅读理解和语言表达等。学科关键能力更加具体，侧重于在学科内部开展学习和实践的关键技能，是学生在学习和实践中取得成功的必要能力。

学科关键能力是实现学科核心素养的重要基础，而学科核心素养的全面发展则是通过学科关键能力的提高来实现的。学科核心素养强调学生在广泛情境下的综合应用能力，关注广度和综合性；而学科关键

① 中华人民共和国教育部.普通高中语文课程标准(2017 年版 2020 年修订)[M].北京：人民教育出版社，2020：4.

能力则更关注学科内部的深度技能。关键能力的提升是素养形成的前提，素养的提升则要求学生将能力灵活地运用于实际问题中。学科核心素养是培养学生面向未来、全面发展的目标，而学科关键能力则是实现这一目标的基本保障。

学科关键能力有以下特点：一是综合性。学科关键能力是多种能力的综合体现，包括知识理解与应用能力、问题解决与创新能力、沟通与合作能力等。二是学科属性。不同学科有不同的关键能力，如数学学科可能更强调逻辑推理与论证能力，而语文学科则更注重理解与表达能力。三是从学生个体生命成长的角度，具有发展性。学科关键能力是随着学习者的学习进程而不断发展的，需要通过系统的学习和实践来不断提升。

三、素养及能力相结合的学科学业述评

学生的学业述评既可以评估素养，也可以评估能力，具体取决于述评的设计和侧重点。

（一）评估素养

如果学业述评的目标是全面了解学生在某一学科中的综合表现、学科理解、价值观、思维能力以及对知识的实际运用，那么评估的重点就是学科核心素养。素养的评估更关注学生的学习过程、他们如何运用知识解决问题、如何与现实生活情境相结合。

这种评估可能包括对学生的创新能力、团队合作、批判性思维、实践应用等方面的评价，强调的是学生在真实情境中的综合表现。

（二）评估能力

如果学业述评更关注学生在某一学科内的具体技能，比如知识掌握的准确性、解题能力、逻辑推理能力或实验操作能力，那么评估的重点就偏向于学科关键能力。能力评估更关注的是学生在学科内的表

现，尤其是在特定任务、考试或项目中的执行效果。此类评估常常通过标准化测试、技能测试、学科任务表现等方式进行，重点是检查学生在某一领域的具体能力。

通常情况下，我们建议教师们进行学业述评时将两者相结合。例如，在评估学生数学能力时，不仅可以评估其运用数学知识解题的能力（关键能力），也可以评估其如何在现实问题中运用数学思维进行建模或决策（核心素养）。述评的关键是平衡两者的关系。如果只注重能力而忽视素养，可能会导致学生只会解题但缺乏创新或综合应用的能力；如果只注重素养而忽略基本能力，学生可能在学科的具体技能方面不够扎实。学业述评重点在学业，学科关键能力是核心素养的重要组成部分。

撰写学业述评的主体是不同学科的任课教师（含班主任及导师）。他们要对学生在本学科学习过程中包括学业成绩在内的学习态度、学习兴趣等多方面的学业表现撰写描述性评语。不同学科教师发挥各学科的自身优势，分类进行学业述评，包括搜集日常的资料，开展分工合作和三角互证。①学科教师的述评可包括教师对本学科、本学期教学内容的熟悉程度与驾驭程度，所教班级在基础知识、基本技能及有关核心素养方面的达标程度，本学期基于教学内容和学生实际而采取的教学策略及教学中存在的问题等，主要考查教师的述评能否深入学科、能否结合新课程标准、能否从全体学生的视角进行分析、能否实事求是地分析。②

四、学科核心素养及关键能力评价维度

课题组在选取学科素养和关键能力评价维度时参考了中华人民共和国教育部义务教育阶段及高中阶段所有的课程标准。各学科课程标

① 吴樱花.学科育人视域下中小学教师跨学科学业述评探析[J].中学教学参考，2023(6)：55—58.
② 鞠锡田.学业述评基本问题初探[J].山东教育，2024(Z2)：48—50.

准根据核心素养发展水平，结合课程内容，整体刻画出不同学段学生学业成就的具体表现特征，形成学业质量标准，引导和帮助教师把握教学深度与广度，为教材编写、教学实施和考试评价等提供依据。此外，学科课程标准本身注重小初衔接，依据学生从小学到初中在认知、情感、社会性等方面的发展，合理安排不同学段内容，体现学习目标的连续性和进阶性。因此，教师在进行学生学业述评时将课程标准及本课程规定的学科核心素养作为重要的参考依据，做到“教—学—评”一致，同时能体现学生学业述评的连续性、衔接性和科学性、规范性。

需要说明的是，我们依据课程标准以及各学科中对于学业质量的描述，构建学校的校本化学业述评维度(“义务教育阶段和高中阶段学科核心素养及学业述评维度列表”)，主要经历了以下过程：一是研究学习义务教育阶段和高中阶段各学科课程标准；二是根据课程标准中学业质量的描述，提炼维度；三是将学业述评维度发给教师们审核，进行优化修改；四是定稿，作为第一批参加述评教师的参考维度；五是参加述评的教师结合学科述评维度与学校个性卡跟踪系统中的学生个性特点尝试性述评且给出述评样例。确立述评维度这一环节经历了自上而下、自下而上的几易其稿，是参加述评的教师和课题组的科研人员根据学科特点和学生学情的凝练，因各学校的校情、学情不一，其中的步骤可选择性使用，或以此为基础进行优化。

以下是课题组与学科教师共同商定的学科素养关键能力评价维度(见表 5－1、5－2)，教师在实际操作过程中需要进行进一步细化，并结合学生实际，选择其中一个或多个方面进行述评。

表5-1 上海市实验学校义务教育阶段学科核心素养及学业述评维度列表[①]

学段	学科	核心素养	述评维度
义务教育	语文	文化自信、语言运用、思维能力、审美创造	1. 文化素养 热爱国家通用语言文字和中华文化；继承和弘扬中华优秀传统文化、革命文化、社会主义先进文化；关注并参与当代文化生活；初步了解人类文明优秀成果；具有比较开阔的文化视野和一定的文化底蕴。 2. 语言运用能力 具备良好的语感；积累个体语言经验；具有正确、规范运用语言文字的意识和能力；能在具体语言情境中有效交流沟通；感受语言文字的丰富内涵，对国家通用语言文字具有深厚感情。 3. 思维能力 运用联想想象、分析比较、归纳判断等认知表现；涵盖直觉思维、形象思维、逻辑思维、辩证思维和创造思维；思维具有敏捷性、灵活性、深刻性、独创性、批判性；表现出好奇心、求知欲，崇尚真知，勇于探索创新。 4. 审美能力 通过感受、理解、欣赏、评价语言文字及作品，获得丰富的审美经验；具有初步的感受美、发现美的能力；具备运用语言文字表现美、创造美的能力；涵养高雅情趣，具备健康的审美意识和正确的审美观念。
义务教育	英语	语言能力、文化意识、思维品质、学习能力	1. 语言理解和表达能力、跨文化沟通和交流的能力。 2. 文化理解、文化欣赏、跨文化认知、态度和行为选择、文明素养、社会责任感。 3. 思维个性特征，在理解、分析、比较、推断、批判、评价、创造等方面的层次和水平；发现问题、分析问题和解决问题的能力、对事物作出正确的价值判断。 4. 积极运用和主动调适英语学习策略、拓展英语学习渠道、努力提升英语学习效率的意识和能力；掌握科学的学习方法，养成良好的终身学习习惯。

① 说明：学科素养关键能力校本化评价维度表中学科核心素养参照了中华人民共和国义务教育和高中各学科课程标准，述评维度是我校教师根据学科核心素养提炼归纳出的校本维度，教师可根据实际情况调整、选择使用。

（续表）

学段	学科	核心素养	述评维度
义务教育	数学	用数学的眼光观察现实世界、用数学的思维思考现实世界、用数学的语言表达现实世界	1. 小学阶段学业述评维度 (1) 数感与量感:学生对数字和量的直观感知和理解能力。 (2) 符号意识:学生对数学符号的认识、理解和运用能力。 (3) 运算能力:学生进行基本数学运算的准确性和速度。 (4) 几何直观与空间观念:学生通过图形直观理解空间关系的能力。 (5) 推理意识:学生根据已知信息推断未知信息的初步逻辑思维能力。 (6) 数据意识:学生对数据的收集、整理和分析的初步认识。 (7) 模型意识:学生运用数学模型解决实际问题的意识。 (8) 应用意识:学生将数学知识应用于实际情境的能力。 (9) 创新意识:学生在数学学习中表现出的新思路、新方法。 2. 初中阶段学业述评维度 (1) 抽象能力:学生从具体情境中抽象出数学概念和规律的能力。 (2) 运算能力(与小学阶段相似,但深度和广度有所增加):学生进行复杂数学运算的能力。 (3) 几何直观与空间观念(与小学阶段相似,但要求更高):学生更深入地理解和运用几何图形和空间关系。 (4) 推理能力:学生根据已知条件进行逻辑推理,得出结论的能力。 (5) 数据观念:学生对数据的收集、整理、分析和解释的能力。 (6) 模型观念:学生运用数学模型解决实际问题,并理解模型背后的数学原理。 (7) 应用意识(与小学阶段相似,但应用范围更广):学生将数学知识应用于更广泛的实际情境。 (8) 创新意识(与小学阶段相似,但要求更高):学生在数学学习中表现出的创新思维和创新能力。

（续表）

学段	学科	核心素养	述评维度
义务教育	体育与健康	运动能力、健康行为、体育品德	1. 运动能力 (1) 体能状况：评估学生的基本体能水平，包括力量、速度、耐力、柔韧性和协调性等。 (2) 运动认知与技战术运用：考查学生对运动规则、战术的理解和掌握程度，以及在实际运动中的技战术运用能力。 (3) 体育展示或比赛表现：评价学生在体育展示或比赛中的表现，包括技能运用、战术执行、团队协作和比赛结果等。 2. 健康行为 (1) 体育锻炼意识与习惯：评估学生是否具备积极参与体育锻炼的意识和习惯，包括日常锻炼的频率、强度和持续时间等。 (2) 健康知识与技能：考查学生对健康知识的掌握程度，如营养、卫生、运动损伤预防等，以及在实际生活中的运用情况。 (3) 情绪调控与环境适应：评价学生是否具备良好的情绪调控能力，能否有效应对压力和挑战；同时考查学生对自然和社会环境的适应能力。 3. 体育品德 (1) 体育精神：评估学生是否具备积极进取、勇敢顽强、不怕困难、坚持到底等体育精神，以及团队协作精神。 (2) 体育道德：考查学生在体育活动中是否遵守规则、尊重裁判、尊重对手、诚信自律，以及是否具备公平竞争的意识。 (3) 体育品格：评价学生的自尊自信、文明礼貌、责任意识等品格特质，以及是否具备正确的胜负观。
义务教育	艺术	审美感知、艺术表现、创意实践、文化理解	1. 审美感知能力 学生对自然世界、社会生活和艺术作品中美的特征的发现与感受能力；学生对艺术作品中艺术语言、艺术形象、风格意蕴、情感表达等的认识和反应能力；学生通过审美感知丰富审美体验、提升审美情趣的成效。

（续表）

学段	学科	核心素养	述评维度
义务教育	艺术	审美感知、艺术表现、创意实践、文化理解	2. 艺术表现能力 学生在艺术活动中创造艺术形象、表达思想感情、展现艺术美感的实践能力；学生掌握艺术表现技能，如联想、想象、表现手段与方法选择，媒介、技术和艺术语言运用等的熟练程度；学生通过艺术表现增强形象思维能力，涵养热爱生命和生活态度的效果。 3. 创意实践能力 学生综合运用多学科知识进行艺术创新和实际应用的能力；学生在创意实践中营造氛围、激发灵感、探究与实验创作过程和方法的能力；学生通过创意实践形成创新意识，提高艺术实践能力和创造能力，以及增强团队精神的成效。 4. 文化理解能力 学生对特定文化情境中艺术作品人文内涵的感悟、领会和阐释能力；学生理解艺术活动、艺术作品所反映的文化内涵，领会艺术对文化发展的贡献和价值的能力；学生通过文化理解在艺术活动中形成正确的历史观、民族观、国家观、文化观，尊重文化多样性，增强文化自信的效果。
义务教育	劳动课程	劳动观念、劳动能力、劳动习惯和品质、劳动精神	1. 劳动观念与认知 学生对劳动的尊重程度，包括对普通劳动者的尊重和对不同职业劳动者的理解与认同；学生对劳动意义的理解，包括劳动对个人生活、家庭幸福、社会进步、国家富强和人类发展的贡献；学生是否树立了劳动最光荣、劳动最崇高、劳动最伟大、劳动最美丽的观念。 2. 劳动技能与实践 学生掌握的基本劳动知识和技能，以及正确使用常用劳动工具的能力；学生在劳动实践中体力、智力和创造力的提升情况；学生完成劳动任务所需的设计能力、操作能力和团队合作能力的表现。 3. 劳动习惯与品质 学生的劳动习惯，包括安全劳动、规范劳动、有始有终等；学生的劳动品质，包括自觉自愿、认真负责、诚实守信、吃苦耐劳、团结合作、珍惜劳动成果等。

（续表）

学段	学科	核心素养	述评维度
义务教育	劳动课程	劳动观念、劳动能力、劳动习惯和品质、劳动精神	4. 劳动精神与文化传承 学生对“劳动是一切幸福的源泉”“幸福是奋斗出来的”等理念的理解与认同；学生对中华民族勤俭节约、敬业奉献等优良传统的继承情况；学生对开拓创新、砥砺奋进的时代精神，爱岗敬业、甘于奉献的劳模精神，百折不挠、艰苦奋斗的革命精神，以及精益求精、追求卓越的工匠精神的感知与培育情况。
义务教育	科学	科学观念、科学思维、探究实践、态度责任	1. 科学观念 （1）具体科学观念：对物质、能量、结构、功能、变化的认识。 （2）科学本质认识：科学知识的可验证性、相对性、暂时性；人与自然关系；科学、技术、社会、环境关系。 （3）科学观念应用：解释自然现象、解决实际问题。 2. 科学思维 （1）模型建构：抽象概括、建构模型、分析解释现象和数据。 （2）推理论证：基于证据与逻辑，运用分析与综合、比较与分类、归纳与演绎等思维方法。 （3）创新思维：从不同角度分析思考问题，提出新颖观点和解决方法。 3. 科学探究及技术与工程实践 （1）科学探究能力：理解科学探究过程，提出科学问题，猜想与假设，制订计划并搜集证据，分析得出结论，解释评估结果，表达观点，反思过程。 （2）技术与工程实践能力：了解技术与工程实践过程，明确问题，提出创意方案，筛选方案，实施计划，加工制作，修改迭代，验证或展示原理、现象和设想。 4. 态度责任 （1）科学态度：保持好奇心和探究热情，发表见解的意识，严谨求实，敢于质疑，尊重他人，善于合作，乐于分享。 （2）社会责任：珍爱生命，倡导健康生活方式；热爱自然，节约资源、保护环境、推动生态文明建设；对科学技术相关的社会热点问题作出价值判断，遵守公共规范、法律法规和伦理道德，维护权益，捍卫国家利益。

（续表）

学段	学科	核心素养	述评维度
义务教育	道德与法治	政治认同、道德修养、法制观念、健全人格、责任意识	1. 思想意识与价值观 (1) 政治方向：学生对国家政治体制、政策方向的理解和认同。 (2) 价值取向：学生的价值观是否积极向上，是否符合社会主流价值观。 (3) 家国情怀：学生对国家、民族的认同感和归属感，以及为国家、民族发展贡献力量的意愿。 2. 道德品质与行为规范 (1) 个人品德：学生的道德品质，如诚信、正直、善良等。 (2) 家庭美德：学生在家庭中的行为表现，如孝顺、尊重长辈、关爱家人等。 (3) 社会公德：学生在社会公共场所的行为规范，如遵守公共秩序、尊重他人、保护环境等。 (4) 职业道德：学生对未来职业的道德认知和行为规范，如敬业精神、责任感、诚信经营等。 3. 法治观念与安全意识 (1) 宪法法律至上：学生对宪法法律的尊重和维护。 (2) 法律面前人人平等：学生对法律面前人人平等原则的理解和认同。 (3) 守法用法意识和行为：学生是否遵守法律法规，能否运用法律手段维护自身权益。 (4) 生命安全意识和自我保护能力：学生对生命安全的重视程度，以及面对危险时的自我保护能力。 4. 心理品质与人际关系 (1) 自尊自信：学生的自尊心和自信心，以及面对挑战时的积极态度。 (2) 理性平和：学生在面对问题时能否保持冷静、理性，以及处理情绪的能力。 (3) 积极向上：学生的乐观态度和对未来的积极期待。 (4) 友爱互助：学生在人际交往中是否表现出友爱、互助的精神。 5. 社会责任感与参与意识 (1) 主人翁意识：学生对自己在学习、生活、社会中的角色定位和责任认知。

（续表）

学段	学科	核心素养	述评维度
义务教育	道德与法治	政治认同、道德修养、法治观念、健全人格、责任意识	(2) 担当精神:学生在面对困难和挑战时是否勇于担当,积极寻求解决方案。 (3) 有序参与:学生在社会活动中能否有序、有效地参与,为社会发展贡献力量。
义务教育	地理	人地协调观、综合思维、区域认知、地理实践力	1. 环境观念与社会责任 学生是否形成了尊重和保护自然、绿色发展的观念;学生是否滋养了人文情怀,并表现出强烈的社会责任感。 2. 思维方式与科学精神 学生是否形成了系统、动态、辩证地看待问题的思维方式;学生是否树立了求真务实、开拓创新的科学精神。 3. 地理认知与人类命运共同体意识 学生是否建立了地理空间观念,并能认识不同区域的特色及其相互联系;学生是否增强了热爱家乡的情感和国家认同感,以及增进了对世界的理解;学生是否逐步形成了人类命运共同体意识。 4. 地理实践与学习能力 学生在真实环境中能否运用适当的地理实践活动方式观察和认识地理环境;学生能否体验和感悟人地关系,并在活动中做到知行合一;学生是否表现出乐学善学、不畏困难的学习态度。
义务教育	历史	唯物史观、时空观念、史料实证、历史解释、家国情怀	1. 唯物史观指导下的历史认知 学生能否在唯物史观的指导下初步看待历史,理解历史发展的基本规律和趋势。 2. 时空条件下的历史考察 学生是否学会在具体的时空条件下考察历史事件和人物,理解历史背景对历史事件的影响。 3. 史料运用与历史认识 学生是否初步学会依靠可信史料了解和认识历史,能够区分史料的真伪和价值,运用史料进行历史分析。 4. 历史观点的表达能力 学生是否初步学会有理有据地表达自己对历史的看法,能够清晰、准确地阐述自己的观点和论据。

（续表）

学段	学科	核心素养	述评维度
义务教育	历史	唯物史观、时空观念、史料实证、历史解释、家国情怀	5. 家国情怀与国际视野 学生是否形成对家乡、国家和中华民族的认同，具有民族自豪感和责任感；学生是否具备国际视野，能够理解不同文化和历史背景，关注全球性问题，具有理想和担当精神。
义务教育	化学	化学观念、科学思维、科学探究与实践、科学态度与责任	1. 化学观念与基础知识 学生是否形成了对物质组成、结构、性质、应用及化学反应规律的基本观念；学生是否掌握了化学概念、原理和规律，并能运用它们解决实际问题。 2. 科学思维与方法 学生是否具备比较、分类、分析、综合、归纳等科学方法的应用能力；学生能否基于实验事实进行证据推理，建构模型并推测物质及其变化；学生在解决化学相关问题时，是否表现出质疑、批判和创新意识。 3. 科学探究与实践能力 学生的实验操作能力，包括实验设计、实验操作和实验数据分析等；学生是否具备通过技术手段获取和加工信息的能力，如网络查询等；学生是否具备运用技术与工程方法设计、制作以及使用相关模型和作品的能力；学生是否具备参与社会调查实践、提出解决实际问题初步方案的能力；学生在团队合作中是否表现出分工协作、沟通交流和合作解决问题的能力。 4. 科学态度与价值观 学生对化学学习和科学探究是否保持好奇心、想象力和探究欲；学生是否认识到化学学科对人类文明和社会可持续发展的重要价值；学生是否具备严谨求实的科学态度，敢于提出并坚持自己的见解，勇于修正或放弃错误观点；学生是否遵守科学伦理和法律法规，具有运用化学知识对生活及社会实际问题作出判断和决策的意识。 5. 社会责任感与生态文明意识 学生是否形成节约资源、保护环境的习惯，树立生态文明的理念；学生是否热爱祖国，具有为实现中华民族伟大复兴和推动社会进步而勤奋学习的责任感。

（续表）

学段	学科	核心素养	述评维度
义务教育	生物	生命观念、科学思维、探究实践、态度责任	1. 生命观念理解与应用 考查学生对生命物质和结构基础、生命活动过程与规律、生物界组成和发展变化以及生物与环境关系的理解和认识；评估学生能否将生物学概念、原理和规律提炼并升华为生命观念，用以解释或理解生物学相关现象；分析学生是否具备运用生命观念分析和解决生物学实际问题的能力。 2. 科学思维能力 评估学生在认识事物和解决实际问题过程中，是否尊重事实证据，崇尚严谨求实；考查学生能否基于证据和逻辑，灵活运用比较、分类、归纳、演绎等科学方法进行分析和判断；分析学生是否具备多角度、辩证地分析问题的能力，以及对既有观点和结论进行批判审视和质疑包容的能力。 3. 探究实践能力 考查学生是否具备源于好奇心和求知欲，解决真实情境中的问题或完成实践项目的能力；评估学生在科学探究和跨学科实践中的表现，包括发现问题、制订方案、实施方案、分析证据、得出结论等环节；分析学生能否通过探究实践活动扩展视野、增强本领，并展现出创新型人才的特点。 4. 态度与责任感 评估学生在科学态度、健康意识和社会责任等方面的自我要求和责任担当；考查学生是否乐于探索自然界的奥秘，具备严谨求实、勇于质疑、理性包容的心理倾向；分析学生是否关注身体内外各种因素对健康的影响，形成健康生活的态度和行为习惯；评估学生是否基于对生物学的认识及对科学、技术、社会、环境相互关系的理解，参与个人和社会事务的讨论，并作出理性解释和判断。
义务教育	物理	物理观念、科学思维、科学探究、科学态度与责任	1. 物理观念 （1）物质观念：对物质本质和属性的认识。 （2）运动和相互作用观念：对物体运动规律和相互作用机制的理解。 （3）能量观念：对能量转换和守恒原理的掌握。

（续表）

学段	学科	核心素养	述评维度
义务教育	物理	物理观念、科学思维、科学探究、科学态度与责任	2. 科学思维 (1) 模型建构：能够构建物理模型来解释现象。 (2) 科学推理：运用逻辑推理分析物理问题。 (3) 科学论证：通过实验和证据支持科学结论。 (4) 质疑创新：对现有观点和结论进行质疑，并提出创新性见解。 3. 科学探究 (1) 提出问题：基于观察和实验提出物理问题。 (2) 证据收集：设计实验和方案，获取与处理信息。 (3) 解释结论：基于证据得出结论并作出解释。 (4) 交流评估：对科学探究过程和结果进行交流、评估、反思。 4. 科学态度与责任 (1) 科学本质观：对科学本质和科学、技术、社会、环境之间关系的认识。 (2) 科学态度：严谨认真、实事求是、持之以恒的品质。 (3) 社会责任：热爱自然、保护环境、遵守科学伦理的自觉行为，以及推动可持续发展和实现民族复兴的使命担当。
义务教育	信息技术	信息意识、计算思维、数字化学习与创新、信息社会责任	1. 信息意识 (1) 信息感知力：对信息的敏感度和价值判断力。 (2) 信息交流与分享：利用信息科技进行交流和信息共享。 (3) 数据评估：评估数据来源，辨别数据的可靠性和时效性。 (4) 数据安全意识：对数据安全的认识和保护。 (5) 信息资源利用：寻找和利用数字平台与资源解决问题。 (6) 信息表达：合理利用信息进行真诚友善的表达。 (7) 科学精神与创新：崇尚科学精神和原创精神，将创新理念融入学习生活。 (8) 技术掌握：自主动手解决问题，掌握核心技术。 (9) 隐私保护与法律意识：保护个人及他人隐私，依法使用信息。

（续表）

学段	学科	核心素养	述评维度
义务教育	信息技术	信息意识、计算思维、数字化学习与创新、信息社会责任	2. 计算思维 (1)问题抽象:对问题进行抽象化处理。 (2) 分解与建模:将问题分解并建立模型。 (3) 算法设计:设计算法形成解决方案。 (4) 模拟与验证:通过模拟、仿真、验证解决问题的过程。 (5) 反思与优化:反思和优化解决方案,迁移应用到其他问题。 3. 数字化学习与创新 (1) 数字设备与资源管理:有效管理学习过程与学习资源。 (2) 探究性学习:开展探究性学习,创造性地解决问题。 (3) 信息科技应用:利用信息科技获取、加工、管理、评价、交流学习资源。 (4) 自主学习与合作探究:根据学习需求,进行自主学习和合作探究。 (5) 创新创造活力:积极主动运用信息科技解决问题和进行创新活动。 4. 信息社会责任 (1) 信息影响理解:理解信息科技对学习、生活和工作的影响。 (2) 自我保护与帮助他人:具有自我保护意识和能力,乐于帮助他人开展信息活动。 (3) 信息共享与知识产权:负责任地共享信息和资源,尊重他人知识产权。 (4) 网络法律法规遵守:遵照网络法律法规和伦理道德规范使用互联网。 (5) 网络空间秩序:认识到网络空间秩序的重要性、自主可控技术对国家安全的意义。 (6) 信息道德品质:形成良好的信息道德品质,增强信息社会责任感。

从表 5－1,我们可以发现,义务教育阶段各学科在培养学生核心素养方面侧重点不同,但都围绕知识理解、思维发展、实践能力、创新能力、情感态度与价值观等维度展开。这些评价维度为学生提供了全面发展的机会,有助于培养他们在未来社会中的综合能力。

表 5-2　上海市实验学校高中阶段学科核心素养及学业述评维度列表

学段	学科	核心素养	述评维度
高中	语文	语言建构与运用、思维发展与提升、审美鉴赏与创造、文化传承与理解	1. 语言运用能力 学生能够积累丰富的语言材料和言语活动经验，形成良好的语感；能够在具体的语言情境中，正确、有效地运用语言进行表达和交流。 2. 思维能力 学生能够通过语文学习，发展逻辑思维、批判性思维和创新思维；能够理解和分析文本中的信息，区分事实和观点，形成自己的见解。 3. 审美能力 学生应具备欣赏文学作品的能力，能够感受作品中的艺术形象和情感倾向；同时，能够运用口头和书面语言传达自己的审美体验，进行文学创作。 4. 文化自信 学生应了解并传承中华优秀传统文化、革命文化和社会主义先进文化；能够通过语文学习，理解不同文化现象，增强文化自信。
高中阶段	数学	数学抽象、逻辑推理、数学建模、直观想象、数学运算、数据分析	1. 数学抽象 学生能够从具体情境中抽象出数学概念、法则和规律；能够运用数学语言进行表达和交流。 2. 逻辑推理 学生能够掌握逻辑推理的基本形式和方法；能够运用逻辑推理进行数学证明和解决问题。 3. 数学建模 学生能够根据实际问题，建立数学模型并求解；能够运用数学模型解决实际问题，进行预测和决策。 4. 直观想象 学生能够借助几何直观和空间想象，感知事物的形状与变化；能够利用图形和空间描述数学问题，进行直观推理。 5. 数学运算 学生能够掌握数学运算的基本方法和技巧；能够准确、高效地进行数学运算，解决实际问题。

（续表）

学段	学科	核心素养	述评维度
			6. 数据分析 学生能够收集、整理和分析数据；能够运用统计方法对数据进行处理，提取有用信息，进行预测和决策。
高中阶段	英语	语言能力、文化意识、思维品质、学习能力	1. 语言能力 (1) 口语表达与交际：学生能够运用英语进行流畅、准确的口头表达，能够在不同的交际情境中运用适当的语言形式进行有效的交流。 (2) 阅读理解与概括：学生能够准确理解各种英语文本的主要内容和细节，能够概括文章的主旨大意，理解作者的意图和态度。书面表达与创作：学生能够用英语撰写结构清晰、内容丰富、语法正确的短文或报告，能够运用恰当的词汇和句型表达自己的思想和观点。 2. 文化意识 (1) 跨文化理解与尊重：学生能够理解和尊重不同文化的差异，能够在跨文化交流中表现出恰当的文化敏感性和适应性。 (2) 文化传播与交流：学生能够用英语介绍和传播本民族的文化，同时能够理解和接纳其他国家的文化，促进文化交流与互鉴。 3. 思维品质 (1) 批判性思维：学生能够独立思考，对英语文本中的信息进行批判性分析和评价，能够提出自己的见解和观点。 (2) 创新思维：学生能够运用所学的英语知识和技能进行创造性的表达和交流，能够提出新的想法和解决方案。 4. 学习能力 (1) 学习策略与方法：学生能够掌握有效的英语学习策略和方法，能够自主、高效地学习英语，提高学习效率。 (2) 自主学习能力：学生能够独立完成英语学习任务，能够利用各种学习资源进行自我评估和反思，不断调整学习策略和方法。

（续表）

学段	学科	核心素养	述评维度
高中阶段	思想政治	政治认同维度、科学精神维度、法治意识维度、公共参与维度	1. 政治认同维度 （1）知识理解与认同：学生对思想政治课程中的基本概念、原理和观点的理解程度，以及能否将这些知识与现实生活相结合，形成正确的政治认同。 （2）价值观塑造：通过课程学习，学生是否树立了正确的世界观、人生观和价值观，特别是对国家、社会和个人的价值取向是否有清晰的认识和坚定的信仰。 2. 科学精神维度 （1）理性思维：学生在分析和解决问题时，能否运用逻辑思维、辩证思维等科学方法，进行理性判断和决策。 （2）创新与实践：学生是否具备创新意识，能否将所学知识应用于实际问题解决中，以及在实践中不断学习和探索。 3. 法治意识维度 （1）法律知识掌握：学生对宪法、法律等法律制度的了解程度，以及能否正确理解和运用法律知识。 （2）守法用法能力：学生是否具备遵守法律、依法维权的意识和能力，能否在日常生活中运用法律知识解决实际问题。 4. 公共参与维度 （1）社会责任感：学生是否具备强烈的社会责任感，能否关注社会热点和公共问题，积极参与社会服务和社会实践。 （2）合作与交流：学生在团队合作、社会交往中，能否与他人有效沟通、协作，共同解决问题，以及是否具备领导和协调能力。

（续表）

学段	学科	核心素养	述评维度
高中阶段	历史	唯物史观、时空观念、史料实证、历史解释、家国情怀	1. 唯物史观 (1) 对唯物史观的理解程度：学生能否准确理解唯物史观的基本原理和方法，如生产力与生产关系、经济基础与上层建筑等关系。 (2) 运用唯物史观分析历史：学生能否用唯物史观的方法分析历史事件、人物和制度，揭示历史发展的客观规律。 2. 时空观念 (1) 构建历史时间线：学生能否根据历史知识构建清晰的历史时间线，明确历史事件的发生顺序和时代背景。 (2) 空间定位与历史联系：学生能否在空间上准确定位历史事件，并分析不同地区历史事件之间的联系和影响。 3. 史料实证 (1) 史料搜集与辨析：学生能否独立搜集并辨析史料，包括史料的来源、真实性、可靠性和代表性等。 (2) 运用史料论证观点：学生能否用史料来支持或反驳自己的观点，形成有理有据的历史论述。 4. 历史解释 (1) 理解历史解释的多样性：学生能否够认识到历史解释的多样性和主观性，理解不同人对同一历史事件可能有不同的解释。 (2) 形成自己的历史解释：学生能否在理解历史事实的基础上，形成自己的历史解释，并能用恰当的语言表达出来。 5. 家国情怀 (1) 对国家和民族的认同感：学生能否表现出对国家和民族的强烈认同感，理解并传承中华优秀传统文化。 (2) 关注现实与历史的联系：学生能否将历史知识与现实生活相联系，从历史中汲取智慧，为解决现实问题提供借鉴。

（续表）

学段	学科	核心素养	述评维度
高中	地理	人地协调观、综合思维、区域认知、地理实践力	1. 人地协调观 学生对人类活动与地理环境之间相互关系的理解程度；学生是否具备尊重自然、和谐共生的价值观，能否在分析地理问题时考虑人地关系的协调性；学生能否运用人地协调观指导自己的行为和决策。 2. 综合思维 学生是否具备全面、系统、动态地分析地理问题的能力；学生能否运用多学科知识综合分析地理现象和问题；学生在解决问题时是否表现出较强的逻辑思维能力、辩证思维能力和创新思维能力。 3. 区域认知 学生对不同区域地理特征、发展条件和制约因素的认识程度；学生是否具备运用区域视角分析地理现象和问题的方法；学生能否从区域发展的角度提出合理的建议和解决方案。 4. 地理实践力 学生在地理实践活动中表现出的动手能力和实际操作能力；学生是否具备运用地理工具和技术进行地理观测、地理实验和地理调查的能力；学生在地理实践活动中是否表现出较强的沟通能力和团队协作精神。
高中	物理	物理观念、科学思维、科学探究、科学态度与责任	1. 物理观念述评维度 (1) 基础知识的掌握程度：评估学生对物理基本概念、原理和定律的理解与掌握情况。 (2) 物理知识的应用能力：考查学生能否运用物理知识解释自然现象、解决实际问题，以及进行简单的物理预测和计算。 2. 科学思维述评维度 (1) 问题分析与解决能力：评价学生面对物理问题时，能否运用科学方法进行分析、推理和判断，提出解决方案。 (2) 模型构建与抽象能力：考查学生能否将复杂的物理问题简化为模型，运用抽象思维进行理解和处理。 (3) 批判性思维与创新意识：评估学生在物理学习中是否具备独立思考、质疑已有观点并提出新见解的能力。

（续表）

学段	学科	核心素养	述评维度
高中	物理	物理观念、科学思维、科学探究、科学态度与责任	3. 科学探究述评维度 (1) 实验设计与操作能力：考查学生能否根据科学探究的目标设计实验方案，正确操作实验器材，收集和分析实验数据。 (2) 观察与发现能力：评价学生在实验过程中是否具备敏锐的观察力，能够发现实验现象中的新规律或异常现象。 (3) 交流与合作能力：评估学生在科学探究活动中能否与同伴有效沟通、协作，共同解决问题。 4. 科学态度与责任述评维度 (1) 科学精神与价值观：考查学生是否具备尊重科学、追求真理的科学精神，以及是否形成正确的科学价值观。 (2) 社会责任感与可持续发展意识：评价学生是否关注科学技术对社会、环境和人类生活的影响，是否具备推动可持续发展的责任感和使命感。 (3) 安全意识与道德规范：评估学生在进行物理实验和科学探究时是否遵守安全操作规程和道德规范，确保人身安全和实验设备的安全。
高中阶段	化学	宏观辨识与微观探析、变化观念与平衡思想、证据推理与模型认知、科学探究与创新意识、科学态度与社会责任	1. 宏观辨识与微观探析能力 学生能否从宏观和微观两个角度对化学物质进行辨识和分析；学生是否理解物质的组成、结构、性质及其变化规律，并能在不同层面进行相互转化和解释。 2. 变化观念与平衡思想应用 学生是否具备认识化学变化的本质和规律的能力；学生能否运用平衡思想分析化学反应中的能量转化和物质循环，理解并预测化学变化的方向和限度。 3. 证据推理与模型认知能力 学生是否会根据实验事实或文献资料进行推理分析，形成科学结论；学生能否运用化学模型（如分子模型、反应机理模型等）解释和预测化学现象，并评估模型的适用性和局限性。

（续表）

学段	学科	核心素养	述评维度
高中阶段	化学	宏观辨识与微观探析、变化观念与平衡思想、证据推理与模型认知、科学探究与创新意识、科学态度与社会责任	4. 科学探究与创新意识表现 学生是否具备提出问题、作出假设、制订计划、进行实验、收集证据、得出结论等科学探究的基本能力；学生能否在科学探究过程中展现出创新思维和解决问题的能力，如设计新实验、改进实验方法、提出新的化学理论或模型等。 5. 科学态度与社会责任担当 学生是否具备对化学科学的敬畏之心和严谨求实的科学态度。 学生能否理解化学知识在社会发展中的应用和价值，关注化学与环境的相互作用，以及化学在解决社会问题中的重要作用；学生能否在日常生活中践行绿色化学理念，积极参与化学科普活动和社会公益活动。
高中	生物	生命观念、科学思维、科学探究、社会责任	1. 生命观念的形成与理解 学生对生物学概念的理解程度，以及在此基础上形成的生命观念，如结构与功能观、进化与适应观、稳态与平衡观、物质与能量观等；学生能否用生命观念来认识生物的多样性、统一性、独特性和复杂性，并形成科学的自然观和世界观；学生运用生命观念指导探究生命活动规律、解决实际问题的能力。 2. 科学思维的发展与应用 学生在尊重事实和证据的基础上，能否运用归纳与概括、演绎与推理、模型与建模、批判性思维、创造性思维等科学思维方法；学生能否运用这些科学思维方法来探讨、阐释生命现象及规律，审视或论证生物学社会议题；学生在科学思维过程中展现出的求知态度、思维习惯和能力。 3. 科学探究的能力与实践 学生在现实世界中发现生物学问题的能力，以及针对特定生物学现象进行观察、提问、实验设计、方案实施的能力；学生在科学探究过程中掌握的基本思路和方法，以及实践能力的提高情况；学生在科学探究中展现出的好奇心、求知欲、团队合作能力、创新精神和实践成果。

（续表）

学段	学科	核心素养	述评维度
高中	信息技术	信息意识、计算思维、数字化学习与创新、信息社会责任	1. 信息意识 学生对信息的敏感度和价值判断能力；学生在不同情境下识别信息需求并主动获取信息的能力；学生分析和评估信息可靠性和准确性的能力。 2. 计算思维 学生运用计算机科学的基础概念进行问题求解的能力；学生通过抽象、逻辑推理和算法设计来解决问题的思维过程；学生在形成解决方案过程中体现的创新性和优化意识。 3. 数字化学习与创新 学生利用数字化资源和工具进行有效学习的能力；学生在数字化环境中进行协作交流和知识共享的能力；学生运用信息技术进行创新创造和解决实际问题的能力。 4. 信息社会责任 学生对信息安全、隐私保护和合法使用信息技术的意识和行为；学生在使用信息技术时遵守的伦理规范和法律法规；学生利用信息技术促进社会公正、环境保护和可持续发展的责任感和行动力。
高中	通用技术	技术意识与创新、工程思维与设计、图样表达与物化能力、技术伦理与责任、技术理解与应用能力、创新设计与实践能力、工程思维与问题解决能力、技术伦理与社会责任	1. 技术意识与创新 学生对技术的敏感度和理解程度，以及运用技术进行创新和解决问题的能力。 2. 工程思维与设计 学生在面对实际问题时，能够运用工程思维进行分析、设计和优化解决方案的能力。 3. 图样表达与物化能力 学生通过图样、模型等方式表达设计思想，并将设计转化为实际产品或原型的能力。 4. 技术伦理与责任 学生在技术实践活动中展现出的伦理道德观念和社会责任感。 5. 技术理解与应用能力 评价学生对技术基本原理、发展历程和实际应用的理解程度。 考查学生能否将所学技术知识应用于实际问题解决中。

（续表）

学段	学科	核心素养	述评维度
高中	通用技术	技术意识与创新、工程思维与设计、图样表达与物化能力、技术伦理与责任、技术理解与应用能力、创新设计与实践能力、工程思维与问题解决能力、技术伦理与社会责任	6. 创新设计与实践能力 评估学生在设计过程中的创新思维和创造力。 考查学生将设计转化为实际产品或解决方案的能力，包括图样表达、模型制作等。 7. 工程思维与问题解决能力 分析学生在面对复杂问题时，能否运用工程思维进行系统化分析和设计。 评价学生在优化解决方案、提高效率方面的能力。 8. 技术伦理与社会责任 考查学生在技术实践活动中是否遵守伦理道德原则，尊重知识产权。 评价学生对技术发展的社会影响是否有正确的认识和责任感。
高中	艺术	艺术感知、创意表达、审美情趣、文化理解	1. 审美感知能力 学生对艺术作品的形式、色彩、线条、节奏、旋律等审美要素的感受和理解能力；学生通过艺术作品体验情感、意境和美感的能力；学生对不同艺术风格和流派的认识与鉴赏能力。 2. 艺术表现能力 学生在艺术创作中运用艺术语言（如绘画的色彩运用、音乐的旋律与和声等）进行表达的能力；学生通过艺术作品展现个人情感、思想和创意的能力；学生在艺术创作中运用技巧和材料的能力，以及作品的完成度和创新性。 3. 文化理解能力 学生对艺术作品所蕴含的文化背景、历史脉络和民族特色的理解能力；学生通过艺术作品了解不同文化、地域和时代的精神内涵和审美特点的能力；学生对艺术作品与现实生活、社会现象之间联系的认识和思考能力。 4. 创新思维能力 学生在艺术创作中运用创新思维和想象力进行探索和尝试的能力；学生通过艺术作品展现独特视角和创意构思的能力；学生在艺术学习中对既有知识和方法进行批判性思考和改进的能力。

（续表）

学段	学科	核心素养	述评维度
高中	艺术	艺术感知、创意表达、审美情趣、文化理解	5. 艺术实践能力 学生参与艺术实践活动（如演出、展览、创作比赛等）的积极性和表现能力；学生在艺术实践中与他人合作、交流和分享的能力；学生在艺术实践中解决问题和应对挑战的能力。
高中	音乐	审美感知、艺术表现、文化理解	1. 审美感知维度 学生对音乐艺术的审美敏感度和感受能力；学生能否通过音乐体验，感知和理解音乐作品的情感、风格、形式美等要素；学生在音乐鉴赏中能否形成独立的审美判断和评价标准。 2. 艺术表现 学生的音乐实践能力，包括演唱、演奏、创作等技能；学生能否通过音乐创作和表演，准确表达个人情感和思想；学生在音乐活动中与他人合作的能力，以及音乐作品的创新性。 3. 文化理解 学生对音乐与相关文化的理解，包括音乐的历史、风格、流派等；学生能否将音乐作品置于更广泛的文化背景中进行解读和评价；学生能否通过音乐学习，增进对多元文化的认识和尊重。
高中	美术	图像识读、美术表现、审美判断、创意实践、文化理解	1. 图像识读 学生对美术作品、图形、影像等视觉形象的解读能力；识别和理解不同风格、流派、时期美术作品的特点和内涵；运用美术术语对视觉形象进行准确描述和分析。 2. 美术表现 学生运用美术媒材、技术和方法创作美术作品的能力；创作过程中体现的构思、构图、色彩运用、造型表现等技能；作品的创意性、艺术性和技术性相结合的程度。 3. 审美判断 学生对美术作品的美丑、优劣进行评判的能力；基于个人情感和审美标准，对美术作品进行鉴赏和评价；理解并尊重不同审美观念和审美文化多样性。

（续表）

学段	学科	核心素养	述评维度
高中	美术	图像识读、美术表现、审美判断、创意实践、文化理解	4. 创意实践 学生在美术创作中的创新思维和实践能力；尝试运用新材料、新技术、新方法进行美术创作；解决创作过程中遇到的问题，实现创意的转化和呈现。 5. 文化理解 学生对美术作品所蕴含的文化内涵的理解能力；理解美术作品与特定文化、历史、社会背景的联系；尊重并传承中华优秀传统文化，关注世界多元文化的交流与融合。
高中	体育与健康	运动能力、健康行为、体育品德	1. 运动能力 (1) 技能掌握：评估学生对各项体育技能（如跑、跳、投、球类技能等）的掌握程度，包括技能的准确性、熟练度和应用能力。 (2) 体能水平：通过测试学生的身体素质（如速度、力量、耐力、柔韧性和协调性等）来评估其体能水平的发展。 (3) 运动实践与创新能力：考查学生在实际运动中的表现，包括战术理解，团队配合，比赛适应以及运用新知识、新技术解决问题的能力。 2. 健康行为 (1) 健康知识掌握：评估学生对健康相关知识的掌握程度，包括营养知识、运动伤害预防、心理健康等。 (2) 生活习惯养成：考查学生是否养成了良好的生活习惯，如规律作息、合理饮食、适量运动等。 (3) 自我健康管理与监测：评估学生是否具备自我健康管理的能力，包括自我监测健康状况、制订并执行个人健康计划等。 3. 体育品德 (1) 体育精神与道德风尚：考查学生在体育活动中表现出的拼搏精神、团队协作精神、遵守规则意识等。 (2) 社会责任感与公民意识：评估学生在体育活动中是否展现出对社会的责任感，以及作为公民应有的道德品质和行为规范。 (3) 尊重他人与自我反思：考查学生在体育活动中是否尊重对手、教练、裁判和观众，以及是否具备自我反思和接受他人意见的能力。

第二节 学科核心素养和学科关键能力述评示例

以学科教师对Y同学的学业述评为例，展示如何在教育教学实践中基于上述述评维度对学生进行学业述评。在对Y同学的学科核心素养和学科关键能力进行综合评价时，我们不仅关注他在各学科领域的知识和技能掌握，还特别考虑了他的个性行为和情感态度。通过细致观察Y同学在创造性人格、个性特征、记忆、情绪、认知风格、思维、特殊能力等方面的具体表现，我们能够更全面地了解他的学习风格和行为特点。以下是结合Y同学的个性行为记录，对其在不同学科中的学业表现进行的述评示例，旨在提供一个多维度、个性化的评价视角，以期更准确地反映Y同学的学业成就和发展潜力。

表5-3 个性卡记录指标分类

一级指标	二级指标
创造性人格	尝新性、好奇心、活跃性、进取心、探索性、挑战性、自律性、自我效能感
个性特征	冲动型、脆弱性、愤怒敌意、计划性、价值开放性、乐群性、利他性、谦逊性、热情性、人际信任、审美敏感性、顺从性、坦诚性、同理心、想象力、寻求刺激性、责任感、支配性
记忆	持久性、敏捷性、准确性
情绪	持续时间、情绪反应速度、情绪感受性、情绪强度、情绪切换速度、情绪倾向性
情绪问题	竞技焦虑、考试焦虑、课堂焦虑、恐惧、人际关系焦虑、社交焦虑、抑郁
认知风格	场依存—场独立、冲动型—审慎型
思维	独特性、广阔性、灵活性、敏捷性、批判性、深刻性

（续表）

一级指标	二级指标
特殊能力	空间几何、美术能力、数字计算、外语能力、文章写作、音乐能力、运动能力
异常行为	对立违抗、多动、攻击、品行障碍、强迫
注意	注意分配、注意广度、注意稳定性、注意转移

在教育的广阔天地里，每一门学科都如同一扇窗，引领着学生们探索不同的知识与智慧领域。学生的学业表现，不仅是对知识掌握程度的直观反映，更是其思维品质、学习态度及个性特征的深刻体现。教师通过细致入微的分科述评，逐一揭开学生在语文、数学、英语、科学等核心学科中的学习面纱，既展现他们在各学科的点滴进步和学习优势，也不避讳地指出孩子们成长道路上的荆棘与挑战。最终，旨在通过多维度的学业分析，为每位学生绘制一幅详尽的整体画像，为他们的未来学习之旅点亮明灯，指引方向。以下是我们 Y 同学各学科教师给他的评价。

语文：Y 同学在语文课堂上总是积极参与讨论，他对于文学作品的深刻见解经常给同学们带来新的启发。他的作文常常融入独特的视角和创意，显示出他在文学创作上的尝新性和探索性。在最近的一次古诗文朗诵比赛中，Y 同学凭借其对文本的深入理解和情感的准确把握，赢得了老师和同学们的一致好评。

英语：Y 同学在英语学习上面临显著挑战，尤其是在单词记忆和语言理解方面。他付出了很多努力，但单词总是记得快、忘得快，反映出记忆方法可能不够高效或多样化。同时，他在理解语言背后的深层含义和文化背景时，也常常难以切中要害，显示出在语言理解深度上的不足。为了克服这些短板，Y 同学需要改进单词记忆方法，尝试联想记忆、情境记忆等多种策略，并加强语言理解训练，通过多读、多听增加语境输入，学习文化背景知识，以及分析句子结构和修辞手法来深化理解。此外，寻求外部帮助，如参加英语辅导班或加入学习小组，也将有助于他更有效地提升英语学习效果。

数学：在解决数学问题时，Y 同学总是能够迅速地构建模型并找到解决方案，这体现了他在数学思维上的灵活性和敏捷性。在小组合作项目中，他经常担任领导角色，引导小组成员共同解决问题，这展现了他的责任感和领导力。他的数学成绩稳定提升，这与他的持久性和准确性密切相关。

艺术：Y 同学的艺术作品总是充满个性和创造力，他在艺术课上的积极参与和对作品的细致打磨，展现了他的艺术创造力和表现能力。在最近的学校艺术节上，他的作品获得了一等奖，这不仅证明了他的艺术能力，也反映了他的自律性和自我效能感。

体育：Y 同学在体育课上总是全力以赴，无论是田径还是球类运动，他都能展现出良好的身体素质和健康意识。他在团队比赛中的出色表现，如篮球赛中的助攻和足球赛中的团队配合，体现了他的团队合作精神和沟通能力。他的运动参与度和积极态度，展现了他的冲动型和热情性。

科学：Y 同学在科学实验中总是能够细心观察，他的实验报告详细记录了每一步的观察和分析，这体现了他的持久性和准确性。在科学探究项目中，他经常提出创新的想法，并将这些想法应用于解决实际问题，这展现了他的独特性和广阔性。

综合活动课程：在对 Y 同学的学业表现进行述评时，我们可以选择重点关注几个维度，我们以团队合作能力、创造力和创新思维以及自我管理能力维度为例，针对 Y 同学的综合活动课进行学业述评。

Y 同学在本学期的综合活动课中展现了卓越的团队合作能力。他能够积极地与小组成员沟通，有效地协调不同的观点和想法，与同伴共同推动项目向前发展。在团队中，Y 同学不仅能够提出自己的见解，还能倾听并尊重他人的意见，这种开放和包容的态度极大地促进了团队的和谐与合作。

在创造力和创新思维方面，Y同学的表现同样令人印象深刻。面对各种挑战和问题，他总能提出新颖且实用的解决方案。在最近的一次设计挑战中，Y同学不仅构思了一个创新的项目方案，还主动承担了关键的实施工作，展现了出色的创新能力和实践技能。

自我管理能力是Y同学的另一大亮点。在课程中，他能够合理安排时间，确保按时完成个人和团队的任务。即使在面临压力和挑战时，Y同学也能保持冷静，有效地管理自己的情绪和行为，确保活动的顺利进行。这种自我管理能力不仅在综合活动课中发挥了重要作用，也预示着Y同学在未来的学习和生活中能够更好地应对各种挑战。

总的来说，Y同学在综合活动课中的表现非常出色，无论是在团队合作、创造力和创新思维，还是自我管理能力方面，都展现出了卓越的能力和潜力。我们期待Y同学在未来的学习和生活中，能够继续保持并进一步提升这些优秀的品质和能力。

研究性学习：Y同学在完成"中学生拖延问题研究"这一研究性学习项目中表现出了显著的个人能力和积极的学习态度。Y同学在研究中展现了出色的批判性思维能力，能够深入分析中学生拖延现象的多种成因，并从不同角度审视问题，提出了具有说服力的见解；在研究过程中，Y同学能够逻辑清晰地设计研究方案，系统地搜集和分析数据，确保了研究的严谨性和结论的有效性；Y同学在研究过程中表现出了很强的独立性，能够自主选择研究主题，积极寻找相关资料，并独立解决问题，展现了良好的自我驱动力；在小组合作中，Y同学能够与团队成员有效沟通，共同推进研究进程，体现了良好的团队合作精神和协调能力；Y同学对中学生拖延问题表现出浓厚的兴趣，不断探索新的研究方法和解决方案，这种积极的探索精神是研究成功的重要因素；在研究中，Y同学始终坚持以事实为依据，尊重数据，展现出了严谨的科学态度和对研究真实性的尊重；Y同学在研究过程中能够有效管理自己的时间和任务,即使在面临挑战时也能保持冷静,展现出了良好的自我调节和情绪管理能力;面对研究过程中的不确定性和变化,Y 同学能够灵活调整研究策略,展现出了开放的心态和适应性。

总体来说,Y 同学在“中学生拖延问题研究”项目中的表现非常出色,不仅在学术研究上取得了显著成果,也在个人能力上得到了全面的提升。期待 Y 同学在未来的学习和生活中继续保持这种积极的学习态度和优秀的个人品质。

通过这些具体的日常行为表现,我们能够更清晰地看到 Y 同学在各个学科领域的成长和进步,以及他的个性特质如何影响他的学习和生活。

本章通过详细探讨学科核心素养与学科关键能力的评价体系,呈现了如何在教育中平衡学生知识掌握与综合素质发展的关键问题。通过多维度的述评方法,教师们不仅可以更全面地评估学生的学术表现,还能帮助学生在实践中提升解决问题、创新思维等核心能力。学科核心素养与核心能力的相辅相成,要求我们在教学过程中既要关注学生的学科知识,又要注重培养他们的应用和扩展能力。这种综合评价方法为学生未来的全面发展奠定了坚实的基础,也为教师们在实际操作中提供了有效的指导和支持。

第六章　基于个性潜能识别的学业述评学科教师实践案例

伴随着全员育人导师制的施行，学校全体教师都承担着对学生学习、生活整体性、一贯性的指导。首先，教师该如何记录对学生的评价？既避免评价的标签化、形式化，又能切实从学业、生活、德育等综合方面关注学生综合素质特征。其次，对于已生成和待生成的评价该如何使用？如何用评价来对学生进行有效的学习引导与生涯规划？本章节将探讨如何在学科教学中应用基于个性潜能识别的学业述评方法，通过实际案例展示不同学科教师如何有效结合学生的个性化潜能特点，依据学科学业质量标准，评价学生在不同学习阶段各学科核心素养的达成情况，进行学业评价和反馈，积极倡导"教—学—评"一体化，使每个学生学科核心素养得到不同程度的发展。随着教育理念的不断革新，教师不仅需要关注学生的学业成绩，还要重视每个学生的个性潜能及其对学习过程的影响。通过对个性潜能的深入理解与分析，教师可以更加精准地制定教学策略，激发学生的学习动力，并因材施教，从而促进学生的全面发展。本章节的实践案例将为学科教师提供有价值的参考和指导。

第一节　语文学科中的学业述评实践①

语文学科中的学业述评实践，强调基于学生个性跟踪记录系统的基础数据进行全面评估。该系统通过长期收集和记录学生在语文学习中的各项表现和进步，如听、说、读、写等能力的发展轨迹，学习态度，课堂参与度以及课外阅读兴趣等，为教师提供了翔实的数据支持。在此基础上，教师可以对学生的语文学科学习进行精准的评估和分析，不仅关注其语文知识的掌握程度，还重视其在语言建构与运用、思维发展与

① 本节案例由上海市实验学校高中部语文教师朱炎玮提供，未发表，有改动。

提升、审美鉴赏与创造、文化理解与传承等核心素养方面的进展。

通过个性跟踪记录系统的数据分析，教师能够更全面地掌握每个学生的学习特点和个体差异，从而提供更有针对性的教学建议和个性化反馈，帮助学生发现自身的优势与薄弱环节，制定适合的学习策略。同时，学生也可以在数据反馈中清晰地看到自己在不同学习阶段的变化与进步，激发其内在学习动力和自我反思能力，从而在语文学科的学习中实现更为深刻和持续的发展。这种基于数据的学业述评方式，不仅提升了语文教学的科学性和有效性，也更好地推动了学生语文核心素养的全面提升。

一、语文学科学业述评的研究基础

在我校，有关学生个性特点和潜能识别，十多年来一直依托于个性卡平台和与众不同案例等形式，通过教师的叙事性和评价性文字来对学生的学业表现或日常表现进行描述性记录。

（一）个性卡：依托“自上而下”评价指标的单片段叙事

个性卡是有关学生的行为片段记录，叙事长度限制在200字以内，用以快速、片段化地记录学生在日常学习生活中的各种表现。这种记录方式十分便捷，只需打开手机企业微信，教师就可以在学校工作平台上随时随地进行评价记录。某些令人印象深刻的学生行为片段，只要拿出手机就可立即记录完成。这在极大程度上避免了许多片段可能“转头就忘”，或是写评语时多笼统概述等问题。

个性卡的片段叙事依照一套“自上而下”的评价指标的内容分类，在叙述具体行为表现之前需要先行选定评价指标，一级指标及二级指标的分类如表6－1所示。随后，进行相应的叙事描述，并给选定学生进行1—5分的符合程度评分，操作流程如图6－1所示。

表 6－1　个性卡记录指标分类

一级指标	二级指标
创造性人格	尝新性、好奇心、活跃性、进取心、探索性、挑战性、自律性、自我效能感
个性特征	冲动型、脆弱性、愤怒敌意、计划性、价值开放性、乐群性、利他性、谦逊性、热情性、人际信任、审美敏感性、顺从性、坦诚性、同理心、想象力、寻求刺激性、责任感、支配性
记忆	持久性、敏捷性、准确性
情绪	持续时间、情绪反应速度、情绪感受性、情绪强度、情绪切换速度、情绪倾向性
情绪问题	竞技焦虑、考试焦虑、课堂焦虑、恐惧、人际关系焦虑、社交焦虑、抑郁
认知风格	场依存—场独立、冲动型—审慎型
思维	独特性、广阔性、灵活性、敏捷性、批判性、深刻性
特殊能力	空间几何、美术能力、数字计算、外语能力、文章写作、音乐能力、运动能力
异常行为	对立违抗、多动、攻击、品行障碍、强迫
注意	注意分配、注意广度、注意稳定性、注意转移

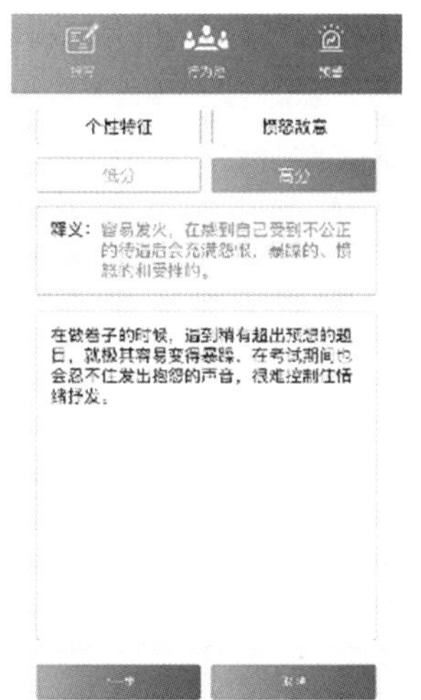

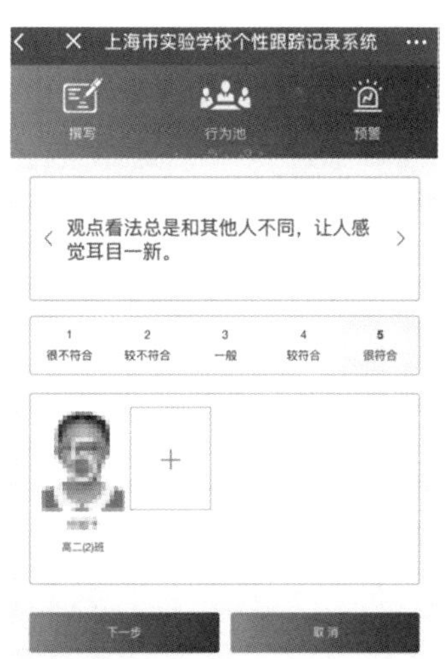

图 6－1　个性卡线上填写操作示意

（二）与众不同案例："自下而上"总结经验的多片段叙事

与众不同案例，是教师基于观察、通过叙事重现学生在一段时间内的学习生活表现，展现每个学生与众不同的形象。案例内容需要包含学生的基本信息、展现其个性特点的叙事片段组合、教师与之相处过程中的引导策略，以及最终自我评估引导策略有效性的案例小结，内容框架如表6-2所示。

在我校，每位教师每学期至少为一位学生撰写与众不同案例，依托教育叙事还原学生的个性形象，使阅读者能够从学生的故事中对其有更立体的理解，避免标签化地评价学生。记述内容可以包含学生的方方面面，如学习表现、课题研究过程、社团活动片段、办公室互动日常等，既还原其个性又记述其能力。与此同时，教师也依托互动实践，总结"自下而上"的教育策略，避免为了评价而评价，而是尝试使评价能够驱动有效的个性化教育策略。

表6-2　与众不同案例的内容框架

内容框架	
案例信息	学生姓名、性别、年级班级、个性特点关键词及100字左右简述
个性特点	叙述学生在一段时间内的3—4个学习生活片段，展现其性格特征与能力特点
引导策略	依据学生性格特征及能力特点，简述平时如何予以引导
案例小结	简述策略有效性的自我评析

（三）我校述评体系特征

总体而言，我校学业述评体系呈现四点特征：非学科导向、多元角度、随时形成性和策略总结性。个性卡的一、二级指标内容维度框架从学生认知、思维、情绪、创造性等角度出发，并不以学科特性为分野；而与众不同案例更多基于教师的多片段叙事，可能涉及学生的学科表现，也可能涉及其校园生活中的行为片段。这种内容涉及范围的广泛性，在某种程度上能够更好、更立体地还原学生的个性特质。

二、三位学生的述评个案分析

与众不同案例为语文学科述评提供了宝贵的实证资料，这些案例不仅展现了学生在语言智能、阅读理解、写作及口语表达等多方面的优势和潜能，还丰富了述评内容，促进了对学生语文学习情况的深入理解。在多元智能理论指导下，这些案例为教学提供了新思路，促使教师创新教学方式和评价策略，如通过实践活动和多元化评价方式激发学生兴趣，全面提升学生多元智能，从而推动学生的个性化发展。

（一）学生 A：浪漫多思的生活记录者

根据表 6－3 所梳理的该生个性卡数据，我们能够发现：其一，该生的个性卡记录均来源于语文和英语学科教师，并且评价均较为正面，可见其在文科表现上是相对出色的；其二，该生具备文科学习优势，如认知独立性强、探索性强、记忆力好、语言表达能力好等；其三，正因为他爱好广泛、思虑广泛，因此也存在容易精力分散或欠缺行动力的可能性。随后，根据平台上关于他的与众不同案例的记录，就可以确证他敏感多思、精力分散且自律性较弱的特征。

表 6－3　学生 A 的个性卡数据

一级指标	二级指标	左右指标（得分）	内容	任教学科
认知风格	场依存—场独立	场独立(5)	有很强的独立学习、认知和思考能力，每周都会通过微信朋友圈小作文记录自己的学习点滴与思考片段。	语文
创造性人格	探索性	探索性强(4)	对事物有很高的学习兴趣，致力于通过探索交流获取新知。	语文

（续表）

一级指标	二级指标	左右指标(得分)	内容	任教学科
特殊能力	言语表达	能力强(4)	有很强的临场表达能力，通过语言表达技巧能产生煽动性效果，曾在某位老师的语文课试讲后，当场做出点评反馈。	语文
记忆	敏捷性	敏捷性强(5)	新学的内容，很快就可以背默出来。	英语

基于学科教师的个性卡记录，我们能够捕捉到学生在学科与个性上的诸多特征。因此，作为其语文教师兼导师，便形成了一些导师引导策略。首先，与该生形成定期“聊作文”的约定，保持沟通与交流的频率；其次，在聊作文的过程中，借助于作文主题延伸出相关话题的认知思考，帮助其进一步拓深认知，还能以此为契机复盘其近期的学习生活规划，引导其合理安排时间和精力；最后，在肯定其学习能力的同时，着重鼓励他先“行动”，莫“延宕”，培养其自律性和执行力。

（二）学生 B：纯理思维的数学爱好者

根据表 6-4 所梳理的该生个性卡数据，能够发现他在学科上的两大特性。其一，擅长理科，有十分果断的数理推断思维，但是文科偏弱。其二，尽管其在文科上整体偏弱，但具有一些特异点：即时性记忆很强，思路很新奇独到。但受限于语言表达能力，他很难将自己的独特思路表达清晰。

表 6-4 学生 B 的个性卡数据

一级指标	二级指标	左右指标(得分)	内容	任教学科
思维	独特性	独特性水平高(4)	写作文的时候经常会提出其他学生都不会思考到的角度，虽然有时很偏，语文表达能力也不好，但的确是很新奇的思考角度。	语文

（续表）

一级指标	二级指标	左右指标（得分）	内容	任教学科
记忆	敏捷性	速度快（4）	虽然平时学习不上心，但一旦开始进入学习状态，背默速度很快且精准度高。	语文
认知风格	冲动型—审慎型	冲动型（5）	做决策时果断迅速，不犹豫。	数学

梳理学科任课教师对他的个性记录，作为其导师与之交流时形成了一定的引导策略。首先，赞赏他在写作时的独立思考，肯定其文科学习上的潜质。但与此同时，提醒他关注两个问题：一方面，以较有限的语言表达能力，难以解释清楚这些具有挑战性的观点；另一方面，有时思路也呈现出过多的计算属性，如功利得失等——这可能与之相对较强的数理能力有所关联。基于此，我们约定了每次作文的面对面交流，并每周在导师见面时进行现代文阅读的理解交流，以此来提升他的理解能力和语言建构能力。

（三）学生 C：情绪激烈的思维偏执者

根据表 6-5 能够发现，这位学生的个性卡数据留存量较大，可见是特点鲜明、容易给人留下深刻印象的孩子。他思维灵活，反应快，但是想法一旦形成就不受他人影响，其数学老师和英语老师对此给出了相同的反馈。根据科学老师的记录，他在行动上有较强的支配欲望，在思维上有一些偏执，这一点与数学老师和英语老师的记录形成了相互印证。另外，在表达观点或心情愉悦、悲伤时，他的情绪反应较为激烈，平时也会偏好激烈向的话题。然而，与之思维和情感上的强度及速度相比，他的行动能力有所欠缺，根据体育老师的个性卡记录，他在体育课上的反应往往会慢半拍。

表6-5 学生C的个性卡数据

一级指标	二级指标	左右指标(得分)	内容	任教学科
情绪	情绪强度	强度高(4)	在日常的学习探究中,有比较明确的偏好,有时会有意挑起较激烈的话题。不少时候,在与同学交流时,会突然用较为剧烈的动作来回应。当然,其行为从不具有恶意,只是表达的形式较强烈,但也能很快收束动作。	语文
思维	灵活性	思维灵活(5)	思维活跃,可以举一反三,经常有令人意想不到的想法。	英语
个性特征	支配性	支配性强(5)	小组活动中主导、分工,大部分自己承担。	科学
思维	灵活性	思维灵活(5)	我发现他额头发了很多青春痘,我说:“你头上的阶级斗争很厉害。”他说:“陈老师你就不懂了,这是历史发展的必然规律。”	体育
认知风格	场依存—场独立	独立性强(5)	坚定自己的看法或者观点,不受他人影响。	数学
认知风格	场依存—场独立	独立性强(4)	坚定自己的看法或者观点,不受他人影响。	英语
思维	灵活性	灵活性弱(4)	被他人认为做事比较刻板、固执。	英语
情绪	情绪强度	强度高(5)	高兴时手舞足蹈。	数学
注意	注意转移	转移慢(4)	上课活动环节发生变化时,他的反应总是慢半拍。	体育
思维	敏捷性	敏捷性强(5)	课堂上总是快速抢答(含举手发言请求),而且回答正确。	英语

基于此,我们能够发现这位学生思维快、行动慢,由此可以推断,其执拗的个性和情绪强度极有可能来源于他对自己行动力的不满。作为

其导师,可以时常肯定他的优点,在沟通中要经常点出他身上闪闪发光的特点;与他复盘课堂上切题的、有深度的互动,但同时提醒他要善于吸收他人见解,理解学校是群体性的学习空间,表达情绪时尽可能做到收放自如。最后,还是要直指其内心症结所在,引导他逐渐理解每个人的行动速度有差异是正常现象。

三、全员导师背景下的学业述评体系功效

(一) 学业述评指向成长中的人

伴随着全员育人导师制的施行,学校全体教师都承担着对学生学习、生活整体性、一贯性的指导,即要求全员育人、全科育人、全过程育人。与之相应的,导师与自己被导学生的沟通不仅需要有走进学生心灵的亲切感,还需要基于对学生个性特征的深入理解,给出科学有效的指导意见。如若缺乏针对性的观察数据积累与分析,便难以给出针对个性的引导。

我校基于个性卡和与众不同案例的学业述评体系平台,能够提供较为充实的个体信息数据与科学支撑。有效的学业述评背后的核心理念在于:我们必须将学生视作立体的、完整的人,而非学科割裂的人;将其视作不断完善中的、成长中的人,而非片段时间割裂的存在。因此,教师面对自己的学生给出的学业述评内容也应当能够综合多元现实信息、指向学生个性特点,并且是适时性的而非终结性的,关注其成长的多维度、多节点,而不是以一时的评价论高低。

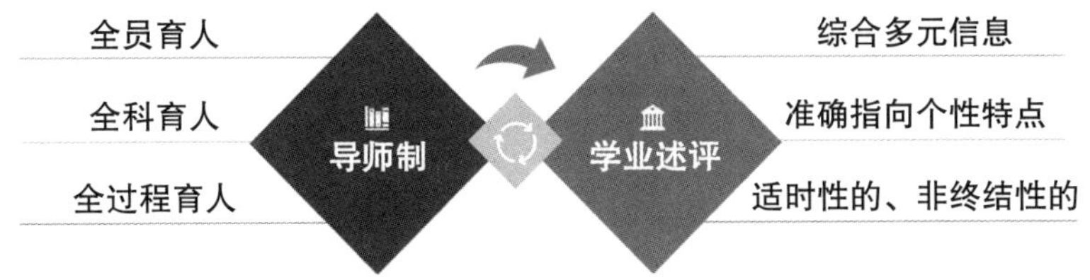

图 6-2　学业述评指向成长中的人

（二）学业述评的实施策略与反馈形式

基于校本化的学业述评实践思考，我们能够总结得出五点以学生为中心的述评反馈实施要点。

其一，述评应当是长期沟通的过程，需要长时性、实时性地对学生跟踪交流，确保沟通频率，提升学生对教师的信赖感。

其二，在有条件的情况下，述评应参考多元渠道的观察数据积累，汇总多渠道、多学科信息，构建对学生的立体认知和理解，避免因学科教师对学生的片面了解而给学生带来“一叶障目”的伤害。

其三，教师对学生的述评反馈应当是肯定先行、鼓励先行，明确学生的优势特长，从而避免过于直接的负面评价打击其自信心的建立。

其四，教师需要对学生现状具备理性分析的能力，能够基于对各个渠道观察数据的冷静分析确证学生问题的来源，并针对性地进行深入沟通。

其五，教师的述评反馈需要给到学生明确的辅助性策略。相对明确的策略建议能让学生对于如何提升现状有更明确的抓手，教师可协助促进其主动寻求发展。

第二节　数学学科中的学业述评实践

在数学学科的教学中，学业述评不仅是对学生学习成果的总结，更是数学核心素养培养的重要反馈环节。随着教育技术的不断进步，基于学生个性跟踪记录系统的学业述评实践逐渐在数学教学中得到广泛应用。该系统通过记录学生在数学学习中的各项表现，为教师提供了科学、全面的评估依据，同时也帮助学生更好地认识自我，明确学习方向。

一、数学学业述评体系构建的校本化策略

（一）紧密对接数学学科核心能力与学段质量标准

遵循《普通高中数学课程标准》(以下简称《课程标准》)的指导，数学学科的核心能力聚焦于数学抽象、逻辑推理、数学建模、直观想象、数学运算及数据分析六大方面。高中数学学业质量的衡量，则依据这些核心能力，结合问题情境的复杂度、知识技能的深度应用、思维品质的展现以及情感态度价值观的融入，分为三个层级进行细化描述。我校在数学学业述评体系的构建中，严格对标这些核心能力与质量标准，确保对学生的学业表现评价既全面又精准，与《课程标准》的要求高度契合。

（二）融合校本个性追踪系统中的数学素养指标

上海市实验学校在长期的教育实践中，形成了独特的个性化学生记录与评价机制，其个性追踪系统已历经多次迭代，现采用的第四代移动端平台，在记录指标、功能优化及数据分析上均实现了显著提升。该平台涵盖的10个一级指标中，与数学学科素养直接相关的包括思维、记忆、注意、认知风格及特殊能力(特指数学能力)。在此基础上，我们进一步细化出二级指标，如逻辑推理的深度与广度、数学抽象的精准性、数学建模的创新性、直观想象的敏锐度、数学运算的准确性与效率、数据分析的细致与全面、记忆的牢固性与灵活性、注意力的集中与分配效率、场依存与场独立的平衡以及逻辑思维与创新思维的融合等。这些二级指标不仅反映了学生数学学习的综合能力，也为后续的学法指导提供了精确的评估依据。

通过整合校本个性追踪系统中的数学素养指标，我们构建了数学学科学业述评的支架，旨在实现评价指标的一致性与科学性。在此基础上，我们能够更加精准地识别学生在数学学习中的强项与待提升之

处，结合具体的学习表现，为学生提供个性化的学法指导，促进数学教学质量的持续提升。

（三）高中数学学科学业述评支架

表 6-6 数学学科学业述评支架

学科核心素养	个性维度一级指标	个性维度二级指标	学科学习优势	学科学习短板	学科学习具体表现描述	学法指导
数学抽象、逻辑推理、数学建模、直观想象、数学运算、数据分析						

针对学生的数学学科学习表现，就学生优势潜能和数学学科素养进行述评，并对学生的后续学习进行学法指导。优势潜能描述主要参照学校个性跟踪记录系统的结构维度，数学学科学习表现主要依据国家课程规定的能力要求。

教师根据学生数学学习表现进行述评时，可以从以下板块展开。

第一，针对学生优势潜能的描述。

参照学校个性跟踪记录系统的结构维度，教师在观察学生数学学习过程中，发现学生群体中存在一些显著的优势潜能。具体体现在：

创新思维与问题解决能力。比如，有学生在面对数学问题时，能够迅速把握问题的本质，并提出富有创意的解决方案。他们不拘泥于传统思维模式，擅长从不同角度审视问题，这种创新思维在解决复杂数学问题时尤为显著。

逻辑推理与抽象思维。比如，有学生在逻辑推理方面表现出色，能够清晰地分析问题的逻辑结构，并运用抽象思维将实际问题转化为数学模型，从而得出准确的结论。这种能力在数学证明和逻辑推理题中得到了充分体现。比如，学生能在生活中将遇到的实际问题抽丝剥茧，抽象成一个数学问题。如坐出租车时看到计价表，思考其计算方式；如发现公交车实行右转必停的行驶方式，思考其背后是否有数学原因。实际上生活中大量的问题都可以抽象出来，这也体现了学生发现问题的能力。

数学运算与数据处理。比如，有学生具备扎实的数学运算基础，能够迅速而准确地完成各种数学计算。同时，他们还擅长处理和分析数据，能够运用统计和概率等数学工具解决实际问题。

数学建模与应用能力。针对发现的数学问题，教师可以引导学生去思考如何解决，这就是培养学生数学建模的能力，从发现问题开始，做数学抽象，通过假设和定义明确问题，抽象数学关系以建立模型，而后进行简化，最终用它求解问题，并对结论进行分析。这其中不仅涉及数学知识，模型的求解往往还需要程序辅助，这需要学生具备极高的综合素养。教师可以从其中某一点切入，看学生是否具有天赋，毕竟数学建模也鼓励团队完成，将学生们的优势融合在一起，也是教师述评的一个方向。

第二，针对数学课堂、作业或研究性学习表现述评。

依据国家课程规定的能力要求，教师在评估学生数学学习表现时，可以从以下几个方面展开。

数学基础知识掌握情况。学生是否对数学基础知识有着深刻的理解和掌握，能够熟练运用各种数学概念和公式进行解题。

数学思维能力。学生是否在数学学习中表现出较强的思维能力，能够独立思考、分析问题，并给出合理的解决方案，是否经常迸发思维火花，能够一题多解。

数学学习习惯。学生能否主动预习、复习，积极参与课堂讨论，及时完成课后作业，展现出良好的数学学习习惯。数学作业的书写、订正习惯等都可以作为述评的内容。

第三，教师的后续学习学法指导。

针对学生在数学学科中的优势潜能和学习表现，教师可以提出但不限于以下学法指导建议。

深化数学基础知识。鼓励学生继续深化对数学概念和公式的理解,为后续学习打下坚实的基础。教师可以通过布置适量的练习题和拓展性任务,帮助学生巩固所学知识。

加强数学思维能力训练。通过组织数学竞赛、数学沙龙等活动,激发学生的学习兴趣,锻炼他们的数学思维能力。同时,教师可以引导学生阅读数学书籍和期刊,了解数学的发展和应用,拓宽他们的数学视野。

拓展数学建模应用领域。鼓励学生积极参与数学建模实践活动,将数学知识与实际生活紧密结合。教师可以结合实际生活情境,设计有趣的数学建模问题,让学生运用所学知识解决实际问题。

培养良好的学习习惯。提醒学生继续保持良好的数学学习习惯,定期复习所学知识,及时巩固学习成果。教师可以通过定期检查作业、组织小组讨论等方式,督促学生养成良好的学习习惯。

关注数学学科前沿动态。引导学生关注数学学科的前沿动态和研究成果,了解数学在各个领域的应用和发展趋势。教师可以通过课堂讲解、课后作业等方式,让学生了解数学在实际生活中的重要性,激发他们学习数学的兴趣和动力。

综上所述,教师在观察学生数学学习过程中,可以发现学生群体中存在显著的优势潜能和良好的学习表现。通过后续的学法指导和实践锻炼,相信学生能够在数学学习中取得更加优异的成绩,为未来的学习和生活奠定坚实的基础。

二、高中数学学科数学建模中的学业述评样例①

在高中数学学科中,数学建模作为一项重要的实践活动,不仅考查

① 此述评样例来自上海市实验学校高中数学教师陈珺珺、张煜韬,有改动。

学生的数学知识和应用能力,更侧重于培养其创新思维和问题解决能力。学校高中数学教师陈珺珺通过对学生数学建模过程的深入观察与分析,发现每位学生在这一过程中都展现出了独特的个性和潜能。以下述评样例,旨在通过具体案例,展示具有不同特点的学生在数学建模中的学业表现,并针对性地提出发展建议。这些述评不仅反映了学生在数学建模方面的优势和短板,更体现了教师对学生个性化发展的关注与引导。希望通过这些述评,能够激励学生在数学学习中不断探索、创新,实现自我超越。

接下来,我们将以参加数学建模比赛的六位同学为例,详细分析其数学建模过程中的表现及优势潜能,并提出相应的学法指导建议。

例 1:具有创新思维和独特见解的学生 xzh

xzh 同学的数学建模思路展现出了非凡的创造力和独到的视角。他能够从不同角度审视问题,提出新颖的解决方案,并在建模过程中灵活运用各种数学工具和方法。这种较强的适应性和创新能力,使他在数学学习中脱颖而出。他的优势潜能在于能够跳出传统框架,用创新的思维和方法解决问题,这种能力在未来的科学研究和创新实践中将发挥重要作用。教师建议他继续保持这种创新思维,同时加强数学基础知识的巩固,以更好地支撑其创新实践。

例 2:注重细节和精确度的学生 gjw

gjw 同学在建模过程中表现出了极高的严谨性和细致性,确保了模型的准确性和可靠性。他对数据的处理和分析非常精确,能够有效地识别和解决问题中的细微差异。这种细致入微的学习态度,使他在数学学习中取得了显著的成绩。他的优势潜能在于对细节的敏锐捕捉和精确处理,这种能力在未来的科学研究、工程设计等领域中将具有极高的价值。教师建议他进一步拓宽视野,尝试解决更复杂、更具挑战性的问题,以锻炼其综合应用能力。

例 3:善于合作和交流的学生 lqc

lqc 同学在团队合作中表现出色,能够有效地与他人沟通和协作,共同推动项目的进展。他善于倾听他人的意见和建议,能够在团队讨论中提出建设性的观点,促进了团队成员之间的相互学习和进步。这种良好的合作精神,使他在数学学习中受益匪浅。他的优势潜能在于能够与他人建立良好的合作关系,共同解决问题,这种能力在未来的团队合作和社会交往中至关重要。教师建议他继续加强个人独立思考的能力,同时在团队中积极发挥引领作用,推动团队向更高水平发展。

例 4:具有较强逻辑思维和推理能力的学生 zzx

zzx 同学的建模过程展示了出色的逻辑思维和推理能力。他能够清晰地阐述问题的本质和解决方案的合理性,在解决复杂问题时表现出高度的条理性和系统性。这种逻辑严密的思维方式,使他在数学学习中游刃有余。他的优势潜能在于能够运用逻辑思维和推理能力解决复杂问题,这种能力在未来的科学研究、法律事务等领域中将发挥重要作用。教师建议他进一步拓宽知识领域,尝试将数学方法应用于其他学科或实际问题中,以提高、拓宽其应用能力和视野。

例 5:擅长应用技术和工具的学生 zsc

zsc 同学在建模过程中熟练运用各种技术和工具,展现出了较高的技术素养和实践能力。他能够有效地利用计算机软件和其他辅助工具来优化模型,提高建模效率和准确性。这种技术应用的能力,使他在数学学习中占据了优势地位。他的优势潜能在于能够迅速掌握和应用新技术,这种能力在未来的科技研发、工程设计等领域中将具有极高的竞争力。教师建议他继续深化对技术的理解和掌握,同时加强数学理论的学习,以实现技术与理论的有机结合。

例 6:具有较强批判性思维的学生 xzyx

xzyx 同学在建模过程中表现出了强烈的批判性思维。他能够深入分析模型的假设和局限性,提出改进的建议,对结果的解释和评估非常客观和全面。这种批判性思维的能力，使他在数学学习中能够保持清醒的头脑和独立的判断。他的优势潜能在于能够独立思考、分析问题，并提出建设性意见，这种能力在未来的科学研究、政策制定等领域中将发挥重要作用。教师建议他继续保持这种批判精神，同时加强与其他同学的交流和合作，以拓宽视野和思路。

综上所述，基于个性跟踪记录系统的数学学科个性化学业述评实践，不仅提升了数学教学的针对性和有效性，还促进了学生在数学学科中的深度学习和全面发展。通过精准识别学生的优势和短板，提供有针对性的学法指导，教师能够帮助学生更好地认识自我、明确学习方向，从而实现个性化成长。同时，这种学业述评方式也促进了师生之间、同学之间的交流和合作，为构建良好的数学学习氛围奠定了坚实基础。

第三节　英语学科中的学业述评实践①

英语学科中的学业述评实践，通过结合学生个性跟踪记录系统的基础数据，为学生的语言学习提供科学、全面的评估。该系统记录了学生在英语学习中的多项表现，包括语言理解与表达能力、思维特点、语音语调、阅读与写作水平、优势潜能以及在学习过程中表现出的个性化学习方式等数据。教师可以利用这些数据，对学生的英语听、说、读、写各方面能力进行深入分析，帮助学生在英语学习中发现自身的强项与薄弱环节。

在此基础上的英语学科学习评估，不仅关注学生对语言知识的掌握，更强调其英语核心素养的培养，如跨文化理解、批判性思维、逻辑表

---

① 本节案例由上海市实验学校高中部英语教师贝嘉琳提供，有改动，原文刊登在2024年第6期《上海师资培训》，在此致谢。

达能力和在实际情境中应用英语的能力。通过个性化的数据分析，教师能够为每位学生提供精准的学习建议和个性化指导，帮助他们制定适合自己的学习策略。与此同时，学生也可以通过这些评估反馈，清晰了解自己在英语学习中的进步与不足，从而增强自我反思和自我提升的动力。这种基于个性化数据的学业述评方式，不仅提升了英语教学的针对性和有效性，还促进了学生在英语学科中的深度学习和综合能力的发展。本节将从学业述评与传统评语的差异表达，并以高中英语学科为例，探索可供同行参考使用的学业述评支架。

一、学业述评与传统评语的概念及差异

（一）学业述评与传统评语的概念

学业述评通常是指对学生学业水平、学科能力和学习态度等方面进行全面评价的一种教育实践。通过学业述评，教育者可以更全面地了解学生的优势和不足，为其提供有针对性的教学指导，也为学生在个性发展上提供引导。

传统评语（这里特指主要由任课教师撰写的学科寄语，而非班主任撰写的学期操行评语）通常更为简短，侧重于强调学生的优点、成就和潜力，同时可能提及一些建议或改进的方向。传统评语更侧重于直接的观察和简要的总结，目的是向学生和家长传达关键信息。

（二）学业述评与传统评语的差异

学业述评与传统评语的差异主要体现在三个维度。

1. 目的与效果

学业述评主要用于向教师、学生和家长提供全面的学术反馈，帮助制订未来学习计划反哺教学；评语主要作为报告卡或评估文件中的附加说明，用于强调学生的特定方面或提供简要的建议。

2. 信息的广度与深度

学业述评的特点是更全面地提供详尽的学科成绩、参与度、学科能力等方面的信息；而评语则更简要、灵活，主要侧重于强调学生的亮点、成就和潜力。学业述评从信息的广度和深度来看是要大于评语的。

3. 表达方式与语言风格

学业述评通常使用正式、客观的语言，强调学科知识和学术能力；评语（含在作业批改中的点评）允许采用更为亲近的语言，突出学生的个性特点和成长进步。

二、高中英语学业述评支架设计思路

（一）学业述评要素构建的校本思路

1. 紧扣学科和学段的核心素养和质量标准

根据《普通高中英语课程标准》（以下简称《课程标准》），英语学科的核心素养有以下四点：语言能力、文化意识、思维品质以及学习能力。高中英语学业质量以核心素养为基础，描述了学生在问题情境中运用英语的能力和表现。学业质量标准将学业质量根据问题情境的复杂程度、知识、技能、思维品质和情感态度价值观念的要求划分为三个水平。我校学业述评要素构建紧扣学科核心素养和质量标准，在学科学习表现描述中对齐《课程标准》中不同水平学业质量描述的内容，对学生学业成就表现进行总体刻画。

2. 梳理校本个性卡记录平台指标中的英语学科素养

在学校三十多年的教育教学整体改革实验中，上海市实验学校坚持学生个性记录，现在使用的第四代移动端个性跟踪记录系统，即我校个性卡平台，在记录指标、记录功能、数据分析等方面做了优化升级。平台内个性指标分为 10 个一级指标和 67 个二级指标，一级指标包括记忆、思维、注意、情绪、认知风格、创新性人格、个性特征、情绪问题、异常行为、特殊能力。其中特殊能力包含了外语能力。

以学校个性卡平台评价框架为依据和基础，笔者设计了英语学科学业述评支架，以保证评价指标的一致性。基于学校个性卡平台框架，在一级指标中，可以梳理出和英语学科核心素养相关的主要有以下六个维度：语言能力、个性特征、思维、记忆、注意以及认知风格。相对应的二级指标有：听说读写能力、语言意识语感、审美敏感性、价值开放性、责任感、同理心、思维深刻性、思维批判性、思维敏捷性、思维灵活性、思维独特性、思维广阔性、记忆敏捷性、记忆准确性、记忆持久性、注意广度、注意稳定、注意分配、注意转移、场依存、场独立、冲动型、审慎性等。对于二级指标的评价可以转换为学科学习的优势和短板，同时匹配学科学习的具体表现描述，我们就可以精准地给到学生学法指导，更好地为后续教学铺垫。

（二）学业述评支架设计

英语学业述评支架是一种用于指导和评估学生英语学习的工具，支架的使用不仅旨在评价学生当前完成的学习任务，更重要的是培养他们的终身学习能力，使他们能够在未来面对新的学习挑战时依然能够自主学习、不断进步。因此，在学业述评中也可以评价学生的终身学习能力，反映出他们在学术领域的可持续发展能力。

基于上述学业述评的校本化要素构建思路，我校的英语学科学业述评形成了如下指标体系作为实施支架，明确指出了评价的标准和要求，以支持每位英语教师开展日常的记录与描述。通过了解每个学生的学习需求和水平，可以为他们提供个体化的评价和支持，以及相应的学习指导，从而更好地促进他们的学术发展。具体实施支架见表 6－7，其中表内学科学习具体表现描述及学法指导内容为部分举例，教师可根据不同学情补充填写。

表 6－7　英语学业述评支架表

核心素养	个性维度一级指标	个性维度二级指标	学科学习优势	学科学习短板	学科学习具体表现描述	学法指导
语言能力	语言能力	听说读写能力、语言意识和语感	能力强，语感强	能力弱、语感弱	语音语调准确；能理解并从不同文本中获取信息；写作中句式比较单一	建议在写作方面进一步练习，注重句子结构的多样运用，以提高表达的深度和丰富度
文化意识	性特征	审美敏感性、价值开放性、责任感、同理心	审美敏感性高，价值开放性高，责任感强，同理心强	审美敏感性低，价值开放性低，责任感弱，同理心弱	对中外优秀文化认同度高；在谈及国家发展相关话题时，对国家认同度高，社会责任感强	通过鼓励表扬来进行正向加强
思维品质	思维	深刻性、灵活性、批判性、独特性、敏捷性、广阔性	思维深刻，思维灵活，批判性强，独特性高，速度快，信息丰富	思维浅显，思维刻板，批判性弱，独特性低，速度慢，信息单一	写作中思考问题全面，能够从正反两面论证观点，观点独到且论据具有说服力	通过鼓励表扬来进行正向加强
学习能力	记忆	敏捷性、持久性、准确性	速度快，保持时间长，准确性好	速度慢，保持时间短，准确性差	单词前背后忘记，默写困难	推荐通过词根词缀来记忆单词；定期找该生来办公室抽背

（续表）

核心素养	个性维度一级指标	个性维度二级指标	学科学习优势	学科学习短板	学科学习具体表现描述	学法指导
学习能力	注意	注意广度、注意稳定性、注意分配、注意转移	广度大，稳定，分配容易，转移快	广度小，不稳定，分配困难，转移慢	上课易走神；记笔记时听不进知识点；遇到不会的题目会卡很久	上课多关注该生注意力是否集中；建议他先听懂知识点，记关键词；指导他考试策略
学习能力	认知风格	场依存—场独立，冲动型—审慎型	以外在环境作为参照，善于把握整体；能独立对事物做判断，善于从整体中分析个体	容易受到环境干扰；依赖自己内部参照	总是相信别人的答案是对的；在课堂上不愿举手回答问题，担心自己不能说出正确答案	培养学生独立思考能力；鼓励学生大胆说出自己的想法，教师正向强化

三、高中英语学业述评支架应用

（一）学业述评实施支架使用方法

基于上述英语学科学业述评支架，教师在撰写英语学科学业述评时可参照“核心素养＋一级指标＋二级指标＋学科学习优势/短板＋具体表现描述＋学法指导”的模板，提供更为全面的学术反馈，充分发挥应有的育人价值，避免评价落入流于表面的误区。

举例来说，学习能力中关于“记忆”这个一级指标，教师通过观察和记录××同学的日常表现，学业述评可以这样来呈现：

××同学在记忆维度上，敏捷性高，速度快，但持久性和准确性不够，具体表现为单词前背后忘记，默写困难，老师建议××同学通过词根词缀来记忆单词。

当教师把上述每个维度的述评整合起来，就形成了对于该生完整的学科学业述评报告。

（二）高中英语学业述评实例

以下为一则我校使用上述英语学科学业述评实施支架的示例。

在本学期的学习过程中，×××同学在英语学科方面展现了积极性和进步。以下是对她在英语学习四个方面的评价。

1. 语言能力（一级指标）

表 6－8　语言能力述评

二级指标＋学科优势/短板	该生的听说读写能力都取得了显著的进步
＋学习表现描述	该生能够理解并运用日常英语表达，表达清晰，语音语调较为准确。然而写作中句式比较单一
＋学法指导	建议在写作方面进一步练习，注重句子结构的多样运用，以提高表达的深度和丰富度

2. 文化意识（一级指标）

表 6－9　文化意识述评

二级指标＋学科优势/短板	该生在口语表达中体现了高度的价值开放性和责任感
＋学习表现描述	在谈及国家发展相关话题时，对国家认同度高，社会责任感强
＋学法指导	希望家长和教师继续通过鼓励表扬来进行正向加强

3. 思维品质（一级指标）

表 6－10　思维品质述评

二级指标＋学科优势/短板	该生的写作体现出了思维的批判性和独特性
＋学习表现描述	思考问题全面，能够从正反两面论证观点，观点独到且论据具有说服力
＋学法指导	希望家长和教师继续通过鼓励和表扬来进行正向加强

4. 学习能力(一级指标)

表 6-11　学习能力述评

二级指标+学科优势/短板	该生的记忆敏捷性较高但持久性及准确性偏弱;该生的注意转移较慢;认知风格偏场独立型
+学习表现描述	单词时常前背后忘,默写成绩不是很理想;从考试来看,该生不会的题目容易卡很久。她能够独立思考并找到解决问题的方法
+学法指导	推荐通过词根词缀来记忆单词,老师也会定期找她来办公室抽背;建议考试时不会的题目先跳过;鼓励她继续培养自主学习的能力,但也要引导她遇到困难时主动寻求他人的帮助

总体而言,该生在本学期的英语学习中取得了令人满意的成绩。希望她能够在未来的学业中保持这样的努力和进步,不断追求更高的目标,取得更大的成就!

可以看到,使用上述模板完成的学业述评,不仅信息更有广度和深度,能更科学、更多元地对学生进行评价,还具备了以下两个特点。

1. 聚焦学生的学业,以英语学科的课程标准、核心素养等为关键依据,及时与家长、学生沟通在学校学习中获得的成就,对标相关课程目标反馈掌握程度,使得评价能促进学习,成为学生学习决策的重要信息资源。

2. 突出评价的描述性,把学生、家长作为学业述评的关键用户,教师日常做到了随时观察、记录,收集关于学生学习实况的具体信息,做好客观记录,并在此基础上做到准确描述、温暖表达,以专业的判断引导学生和家长,能更好地实现评价的育人功能。

四、结语

教育者应充分认识到学业述评的重要性,结合校本特色综合运用学业述评支架，提供有广度、有深度、有温度的学生反馈，为学生提供更全面、有针对性的教育指导，促进其全面发展。做好学业述评的实践探索，不仅能有助于家长更好地了解学生的学业表现，为学校提供评估教学效果的工具，同时也有助于提升教师的评价素养，为学生未来的学习方向提供更具体的指导。

第四节　研究性学习中的学业述评实践①

研究性学习作为综合实践活动课程的核心，对学生的综合素质发展具有重要意义。学业述评作为一种质性评价手段，关注学生的全面发展，与研究性学习的课程理念相一致。本节基于上海市实验学校的研究性学习实施概况，结合学校现有的学生个性评价工具，分析并提炼学业述评的操作路径，通过对学业述评的个案分析，呈现如何在研究性学习中实施学业述评，为研究性学习中的学业述评实施策略提供初步借鉴。

一、研究性学习实施概况

研究性学习是指学生在教师的指导下，从学习生活和社会生活中选择和确定研究专题，用类似科学研究的方式，主动地获取知识并应用知识去解决问题的学习活动。② 研究性学习的概念最早由上海教育科学研究院普教所于 1999 年初提出，并受到了广泛的关注。同年 2 月，上海市教委召开了“上海市中学研究性课程研讨会”，对研究性学习予以充分肯定。2000 年 1 月，研究性学习被纳入上海《普通高级中学课程

---

① 本节案例由上海市实验学校科研室魏春丽老师提供，未发表。

② 教育部.普通高中研究性学习实施指南(试行)[J].中小学管理，2001(Z1)：6.

计划(试验稿)》。随后,教育部在2000年颁发了《全国普通高级中学课程计划(试验修订稿)》,新设综合实践活动课程,其核心是“研究性学习”,2001年4月印发了《普通高中研究性学习指南》。2001年6月,教育部在印发的《基础教育课程改革纲要(试行)》中,将“研究性学习”纳入综合实践活动课程,并作为小学至高中的必修课程,进一步明确了研究性学习的地位和目标。研究性学习旨在培养学生的批判性思维、灵活性、独特性、探索性、创造性、合作性等综合素质,不仅关注学生的学术成就,更重视学生的个性发展和社会实践能力。

上海市实验学校自20世纪80年代建校初期开始着手学生的探究性学习。最初在初中三年级实施,学生需要完成探究性学习论文并参加答辩,才能顺利结业。目前在学校的课程体系中,研究性学习属于学养课程中的社会实践类活动,是对核心课程的延伸和补充。在三个学段实现了贯通式培养,小学和初中以探究性学习为主,高中以研究性学习为主(表6-12)。在课程实施中,通过讲座式、项目式、专题式等多样的方式,开展个人或小组式的研究性学习,以适应不同学生的学习需求和兴趣。课程实施方式的多样性,为学生提供了广泛的学习机会和挑战。课程评价方式包括过程性评价和终结性评价。过程性评价关注学生在学习过程中的表现,学生每个月需要提交过程性评价表,里面包含自我评价和指导老师评价板块。终结性评价则侧重于对学生最终达成的学习成果的评价,同时也包含学生的自我评价和教师评价内容。评价方式的多元化,有助于全面了解学生的学习进展和成就。

表6-12 上海市实验学校研究性学习课程实施概况

学段	课程名称	课程实施方式	课程评价方式
小学	小学探究性学习	讲座类、项目式	研究报告
初中	初中探究性学习	讲座类、项目式	过程性评价+研究报告+答辩

（续表）

学段	课程名称	课程实施方式	课程评价方式
高中	高中研究性学习	讲座类、课程类、项目式	过程性评价＋研究报告＋答辩＋综评

二、研究性学习与学业述评

学业述评作为一种新的评价方式，是指任课教师对一段时期内学生学业的进展情况和达成状态进行的质性描述和评估活动。[①] 这种评价方式建立在细致观察、共同协商和深入分析基础上，是一种综合性评价、描述性评价。学业述评的目的在于帮助教师有效地向学生反馈学业发展信息、学业发展期望与学习指导建议，了解教师对学生的学业发展评价、学习活动指导、学业发展反馈的期望与建议等信息。[②] 因此，相较于传统学业评价重视对学业成就的量化评估，学业述评更关注与此有关的学生个性特点、兴趣、动机、情绪情感特征、自我效能感等[③④]，能反映学生学习过程中的更全面、具体、客观的情况，为教师改进教学和指导学生提供充分依据，为学生的学业学习提供有效的改进建议，也有助于挖掘学生的优势潜能，促进其充分发展。

研究性学习作为一门综合实践活动课程，其课程目标是帮助学生获得亲身参与科学探究的体验，提高学生发现问题和解决问题的能力，使其学会合作和分享，培养学生的科学态度和科学道德，以及对社会的责任心和使命感。[⑤] 在课程评价的实施中，过程性评价与终结性评价是两种主要的评价方式。学业述评作为一种全面而细致的质性评估手

① 刘荣飞，王洁.学业述评：概念框架，现实挑战与对策建议[J].全球教育展望，2023，52(6)：38—48.

② 钟铧，钟立华，徐立明.学业述评：概念，缘由，制度与认识误区[J].基础教育研究，2023(9)：24—26，36.

③ 薛琪，张新平.对教师撰写学生学业述评的认识与建议[J].中小学管理，2022(2)：54—56.

④ 吴樱花.学科育人视域下中小学教师跨学科学业述评探析[J].中学教学参考，2023(6)：55—58.

⑤ 上海市教育科学研究院普教所课题组.研究性学习的理论与实践[J].上海教育科研，2002(S1)：17.

段，以其独特的综合性和描述性特征，关注学生的全面发展，包括认知、情感和人格等方面，与研究性学习课程的核心理念完美契合。

在研究性学习中，教师的角色从知识的传授者，转变为学生学习的引导者和指导者，甚至是陪伴者。学业述评不仅能够捕捉学生在探究过程中的细微进步，还能深入反映他们的思考过程和问题解决能力，为教师提供宝贵的反馈，以优化教学方法和指导方案。因此，将学业述评纳入研究性学习的评价体系，不仅能丰富课程评价的方式，也有助于提升评价的指导意义，为学生提供更为全面的学习反馈，为教师提供更精准的教学调整依据，具有重要的实用价值。

三、研究性学习的学业述评实施思路

从实施层面看，学业述评是基于教师对学生深度了解和分析的一种质性评价方式。它要求教师在与学生充分沟通和协商的基础上，按照相应的维度对学生的学习态度、核心素养和习惯方法进行质量描述，并给出评价结果和学习建议。① 高质量的学业述评要求教师全面客观地掌握每个学生的真实表现数据，并科学、合理、有效地反映学生在校期间的真实情况。

我校在建校三十多年以来的教育教学整体改革实验中，始终坚持学生个性记录，要求教师在日常教学中留心观察学生的行为表现，并对反映学生个性特点的真实行为表现随时随地地进行记录和评价。现在使用的第四代基于移动端的个性跟踪记录系统，其指标体系主要依托个体的心理特征分类建构，包含认知、情绪、人格三个方面，共 9 个一级指标，49 个二级指标，是面向促进学生的个性潜能全面发展而提出的，与研究性学习课程培养目标在理念上是相互契合的。该系统的个性记

---

① 刘绿芹.学业述评的价值意蕴与实施路径——以普通高中数学“函数 $y=A\sin(\omega x+?)$”为例[J].基础教育课程，2021(11):65—71.

录数据能够作为研究性学习述评的主要依据。个性记录目前已积累了大量能够客观反映学生在校行为、学习表现的真实质性数据，为达成高质量学业述评提供了可靠的数据基础。

基于对研究性学习课程培养目标和学校个性跟踪记录系统的指标分析，我们在实践中探寻出了一条研究性学习中实施学业述评的操作路径(图 6－3)。针对研究性学习的学业述评，我们融合了学生自我评价与教师评价两个关键视角，构建了双轨评估体系。学生自我评价的实施，主要通过两个工具来实现：一是学生个性自我评价问卷，二是研究性学习的过程记录表，两者可为学生的自我反思提供依托。教师评价一方面基于对学生的个性跟踪记录系统，另一方面依托于研究性学习中教师对学生所进行的过程性评价和总结性评价。

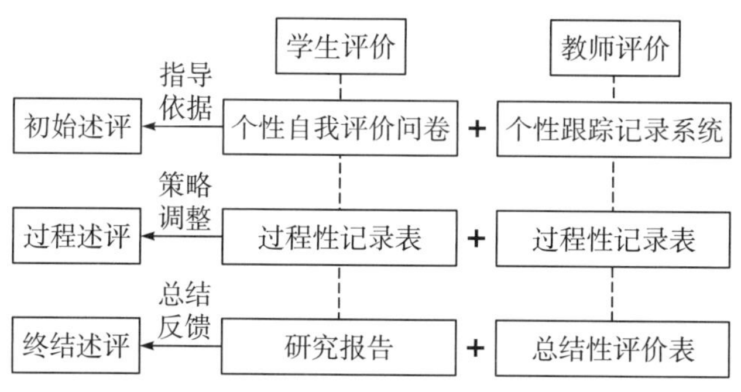

图 6－3　研究性学习中的学业述评操作路径

从时间维度看，研究性学习的学业述评实施主要包含三个阶段：初始述评、过程述评和终结述评。初始学业述评阶段，侧重于对学生个性的深入分析，这一分析基于学生自我评价问卷和个性跟踪记录系统中所收集的过往数据。这些数据涵盖了学生的认知能力、情绪状态和人格特点等多个方面，能够为教师提供准确的学生个性特征分析，为后续的研究性教学指导提供参考依据。进入过程学业述评阶段，评价的重点转向了对研究性学习过程的持续监测和反馈。这一阶段主要依托于学生和教师在研究性学习过程中的记录表。教师可以根据这些反馈信息，了解学生的学习能力和状态，并将自己对学生的指导意见以过程性记录反馈的方式传递给学生。通过双向评估反馈，教师可以全面捕捉学生的学习进展，及时调整教学策略，更好地满足学生的学习需求，学生根据教师的建议，也可以有针对性地改进和提升自己的能力。终结学业述评作为第三个阶段，标志着整个研究性学习评估周期的完成，以教师评价为主，对学生的最终研究成果及过程性表现进行总结性反馈，为学生未来的学习路径提供指导，帮助他们发现自己的优势潜能和需要改进的地方，促进学生的自我认识和发展。

四、研究性学习的学业述评个案分析

下面以笔者在研究性学习课程中指导的 Y 同学作为学业述评的个案分析对象，展现在具体的研究性学习课程中如何进行学业述评。

（一）初始学业述评

初始学业述评阶段，侧重于对学生个性的深入分析，为教师的教学指导提供参考依据。根据学生个性自我评价问卷和个性跟踪记录系统的数据，分析 Y 同学在认知特点、情感体验、人格特征方面所表现出的特点，为指导策略的制定提供参考（图 6－4）。如图所示，在认知方面，Y 同学的特点是批判性思维强，思维灵活性较弱。这表明 Y 同学在问题解决过程中，善于质疑；但思维的灵活性相对较弱，可能会无法根据问题变化及时调整思维方向。在情绪体验方面，他的情绪感受性高，情绪持续时间长。这表明他偏向于情绪敏感，比较容易感知自己的情绪，如果遇到研究不顺或受挫，会容易出现负面情绪；且情绪持续时间较长，不易消除，会对个人的心境产生较大的影响。此外，分析 Y 同学在其他个性特征方面的特点，发现 Y 同学自我效能感高，探索性强，计划性、价值开放性、活跃性低。这表明 Y 同学对自己完成复杂任务的能力会比较有信心，乐于探索分析复杂问题。但是，做事情的条理性计划性较弱、对于新观念的开放接纳度低、做事情的节奏较缓慢，有可能会影响研究性学习的进度。

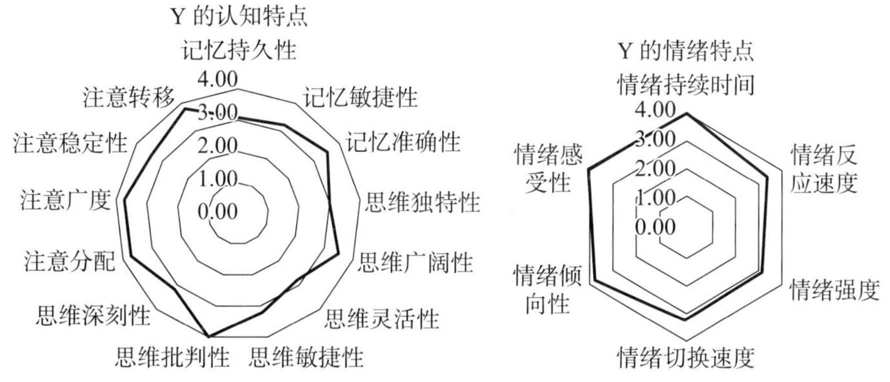

图 6-4　Y 同学的认知和情绪特点

根据 Y 同学的初始述评结果，初步制定了指导策略。在选题阶段，根据他感兴趣的话题点，提供多角度的思考方向，鼓励他进行批判性思考，引导他通过不同切入口的对比分析，聚焦研究问题。并且在遇到课题进展不顺利时，要及时与他沟通，引导他客观分析原因，调整心态，共同讨论解决的方法。当他遇到问题时，提供参考性的教师视角观点，引导他做批判性思考，给予他时间进行自主探索，同时也要设定合适的时限，提醒他注意任务完成的效率。

（二）过程学业述评

过程学业述评，旨在通过动态的评估反馈，帮助教师及时调整教学策略，引导学生完善和提升个人综合能力。经过第一个月的研究性学习指导，对 Y 同学的个性特点有了更全面的认识和了解。发现他的批判性的确较强，思维探索性强，对于老师提出的观点，总是能够保持质疑，表达自己的观点。但是灵活性差、开放性低，有时会比较固执，陷入自己的思考逻辑，无法听取和接受新的建议。同理心和乐群性较弱，与人交往时，对他人的情绪情感缺少感知力和理解力，有时会给他人造成不舒服的体验，让对方感觉不受尊重。因此，根据 Y 同学的过程述评结果，调整了以下指导策略：针对教师与他不同的观点，要求他不仅要说明不接受的理由，同时要为教师的观点提供佐证，锻炼思维的灵活性和开放性以及换位思考能力。针对他的情绪顿钝特点，提醒他人际交往中要注意自己的言行会给他人带去的感受，在邀请他人帮忙，与人合作时，要学会尊重对方。

在研究性学习课程的推进过程中，每个月教师需要根据学生的学习情况，以学业述评的方式为其提供过程性反馈。以下为笔者为 Y 同学提供的几次过程性述评示例：

教师过程性述评（1）：你的学习主动性很强，对于“学生选举”这个选题有自己的思考，也展现出你的责任心；但研究问题不够聚焦，针对选举具体关注的是哪些方面——选举现状调查，选举的影响因素，选举方式的有效性比较，选举措施的改善，等等，需要进一步辩证分析，明确聚焦点。

教师过程性述评（2）：你具备很强的行动力，课题按计划推进较好，虽然近期数据收集过程不顺利，出现受挫情绪很正常，但不要过度自责，尝试客观分析原因；建议可以考虑邀请几位朋友作为实验助手帮助自己，不过求助时要注意自己的言行方式，理解他人的情绪感受和想法，尊重他人的选择。

教师过程性述评（3）：你具备较强的探索性，遇到调查数据结果不符合预期的情况，能够通过查询文献资料、访谈学生，对结果进行解释，表现出严谨的科学态度；你也具备较强的批判性思维，对他人的观点能够保持质疑，不过要注意质疑他人观点时，也思考一下对方提出该观点的理由，保持思维的开放性，拓展自己的认知。

（三）终结学业述评

终结学业述评，旨在通过总结性评价，为学生未来的学习路径提供指导，促进学生的自我认识和发展。经过一学年的研究性学习课程，Y 同学最后提交了一份质量较高的研究报告，教师需要提交一份总结性评价表。结合一学年研究性学习过程中 Y 同学在学习态度、学习能力、情绪状态、人格特点等各方面的表现，采用学业述评的方式给予其评价如下：

总结性述评：在本学年的研究性学习过程中，你展现出了令人印象深刻的主动性、责任心和批判性思维，让老师感受到了你对知识的渴望和对社会现象的关注，这些也是你未来学习道路上的宝贵财富。尤其是你在课题推进中表现出的行动力值得称赞，面对数据收集的困难和挫折，你能够保持积极的态度，这是科学研究中不可或缺的品质。在未来的学习中，你要继续发挥自己的优势，同时要保持思维的开放性，面对不同的观点和意见，既要勇于质疑，也要学会吸收和融合。遇到挫折挑战时，及时调整情绪状态，客观分析原因，必要时主动寻求帮助，要明白适时寻求帮助也是一种智慧和力量的体现。

五、对研究性学习中学业述评的思考

（一）重视即时的过程性评价

在研究性学习中，学业述评应当重视学生在探索知识过程中的表现，关注学生在学习过程中表现出来的思维过程、知识的整合应用以及与他人的沟通协作能力，及时捕捉学生的学习阻碍和潜在能力，教师据此随时调整指导策略，引导学生改进和完善，促进学生的深度学习。同时，学业述评的过程反馈机制需要具备即时性，这是确保教师评价与学生自我评价能够有效结合的关键。即时的评价反馈不仅能够强化评价的时效性，帮助学生快速地对自己的学习状态有清晰的认识，更能够在短期内引导学生调整学习策略，促进其学习过程的深入发展。即时的过程性反馈不仅是一种评价策略，更是一种促进学生全面发展的教育策略。

（二）指向发展的多元性评价

在研究性学习中，学业述评的框架不应局限于单一的认知维度，应拓展至多维度，不仅关注学生的知识获取和认知发展，还要关注学生的情感体验和人格特质的塑造，关注学生的全面成长，构建一种以学生为中心的评价方式。学业述评评价的目的不应局限于甄别和选拔，而要关注到学生都是独特的个体，拥有不同的学习风格、兴趣和天赋，教师要为每个学生提供定制化的支持和挑战，激发学生的潜能、个性和创造力，帮助他们在学术和个人成长上取得进步。研究性学习中的学业述评不应关注单独的学术成就，更应关注学生的个性发展和社会实践能力，面向学生的全面发展，促进学生的自我认识，激发他们的潜能，培养他们成为具有可持续发展能力的个体。

第五节　综合实践活动中的学业述评实践

综合实践活动是国家义务教育和普通高中课程方案规定的必修课程，与学科课程并列设置，是基础教育课程体系的重要组成部分。[①] 该课程由地方统筹管理和指导，具体内容以学校开发为主，自小学一年级至高中三年级全面实施。

一、学校综合实践活动概述

我校秉持“尊重学生个性差异，发掘学生智慧潜能”的办学理念，形成了由“核心课程”“学养课程”“特需课程”三类课程组成的特色课程体系。其中，综合实践活动课程作为学养课程的重要组成部分，涵盖了社

① 中华人民共和国教育部.教育部关于印发《中小学综合实践活动课程指导纲要》的通知.[D/OL]. http://www.moe.gov.cn/srcsite/A26/s8001/201710/t20171017_316616.html，

会实践、社区服务、劳动教育、社会考察、主题教育等多个领域，为学生提供了丰富多样的学习体验和实践机会。学校致力于通过综合实践活动课程培养学生的创新精神和实践能力。这一理念贯穿课程设计的始终，使得课程更加符合学生的实际需求和发展方向。我校综合实践活动具有以下特点：

（一）形式丰富多样

我校综合实践活动涵盖社会服务、科学探究、文化创意（虽未直接提及但可理解为包含于艺术创作中）、学军学农、体育健身、劳动教育及传统文化与国际交流等多个领域，旨在通过丰富多彩的实践活动，全面提升学生的综合素质、社会责任感、创新能力、职业规划意识、身心健康及国际视野，为学生的全面发展搭建广阔平台。具体内容见表6-13。

表6-13　学校综合实践活动课程

课程类别	课程内容
社会服务	鼓励学生积极参与社区志愿服务、河道治理环保项目、助残助老等活动，通过亲身实践了解社会、服务社会，培养学生的同情心和公民责任感。同时，学校还定期组织公益讲座和论坛，增强学生的社会责任感和公益意识。
科学探究	学校设有科学实验室和研究小组，为学生提供丰富的科学探究机会。学生可以在这里进行物理、化学、生物等学科的实验，探索科学原理，培养创新思维和解决问题的能力。学校还定期举办科技节，展示学生的科研成果和创新作品。
文化创意	学校鼓励学生发挥想象力和创造力，参与绘画、摄影、音乐、舞蹈、戏剧等多种形式的艺术创作及市区级比赛。初、高中设有专业教师指导的学生话剧社，学校有课程专用教室——戏剧中心，有专用学生表演中心，为学生提供展示才华的平台。此外，学校还举办文化节和艺术展览，增强学生的文化素养和审美情趣。
劳动教育	学校注重培养学生的劳动观念、劳动习惯和劳动技能。通过开设劳动课程，如木工、手工、园艺种植等，让学生在实践中学习、在学习中实践。这些课程不仅锻炼了学生的动手能力，还培养了他们的团队协作能力和责任心。

（续表）

课程类别	课程内容
社会实践	学校鼓励学生走出校园，参与社区志愿者服务、社会调查等活动。学校每学期都会组织学生外出社会考察，如中一年级的天目山考察，中二年级的杭州考察，中三年级的绍兴文化考察，高中的苏吴文化、南京爱国主义教育红色路线考察等。通过社会考察系列课程，学生深入了解社会现象和问题，培养批判性思维和解决问题的能力。同时，学校还设立社会实践活动周，让学生亲身体验社会工作的艰辛与乐趣，增强社会责任感和公民意识。
传统文化与国际交流	学校通过举办传统节日庆典、民族文化体验等活动，加深学生对中华优秀传统文化的理解和认同。同时，学校还注重国际交流，与多所海外学校建立友好关系，开展学生互访、文化交流等活动。通过这些活动，学生不仅能够拓宽国际视野，还能增进对不同文化的理解和尊重。

（二）教学方法多样

项目式学习：通过项目式学习的方式，让学生在实践中发现问题、解决问题，培养学生的自主学习能力和创新精神。

探究式学习：鼓励学生进行探究式学习，通过查阅资料、进行实验、讨论交流等方式，培养学生的科学探究能力和问题解决能力。

合作学习：注重培养学生的团队合作能力，通过小组合作、角色扮演等方式，让学生在合作中共同成长。

（三）评价方式多样化

学校建立了科学的评价体系，注重对学生综合素质的评价。通过学业述评、过程性评价、表现性评价等多种方式，全面了解学生的学习情况和发展状况，为学生的学习提供有针对性的指导和帮助。

我校综合实践活动注重过程性评价，过程性评价采取量化等第评价、生生互评、组间互评与指导教师进行学业述评相结合的方式开展。教师通过结合个性跟踪记录系统中的基础数据，实现对活动中的学生行为的述评。

（四）注重家校共育

学校注重家校共育，鼓励家长参与孩子的综合实践活动课程。通过家长志愿者、家校合作等方式，共同促进学生的全面发展。这种家校共育的模式不仅增强了家长与孩子之间的互动和沟通，也提高了教育的针对性和实效性。

学校综合实践活动课程的特色主要体现在课程理念先进、课程体系完善、课程内容丰富多样、教学方法创新、评价体系科学以及家校共育等诸多方面。

综合实践活动本质上是跨学科、多领域的学习实践，旨在培养学生的创造力、合作能力、问题解决能力以及综合应用知识的能力。而个性跟踪记录系统则是记录学生在这些活动中的多项表现，包括个人兴趣、团队合作倾向、创新思维特点、任务分配中的角色偏好、优势潜能、领导能力，以及在活动过程中的反思能力等。通过长期数据积累，教师能够更深入地了解学生在综合活动中的表现特点与变化轨迹。

在此基础上的学业述评，教师能针对性地分析学生在综合活动中所展现出的特定能力。例如，教师可以通过数据了解某位学生在团队合作中更擅长协调角色，或是在解决实际问题时表现出强烈的创新意识。基于这些数据，教师可以为学生提供个性化的指导建议，如推荐适合其发展的活动任务或鼓励他们在特定能力上进行进一步提升。此外，学生也可以通过这些数据反馈，清晰地认识到自己在综合活动中的优点和待改进之处，从而制订更有针对性的学习与发展计划。

二、综合实践课程中的学业述评

我校的社会考察课程是其教育体系中极具特色的组成部分，旨在通过让学生走出课堂，深入自然和社会进行实地考察和体验，拓宽视野、增长知识、提升能力。该课程结合了语文、历史、综合实践等多学科内容。从一年级至十年级(高三),每个学年都会组织两次社会考察活动,地点根据年级不同而有所不同,如低年级前往世纪公园、上海动物园等地接触自然,高年级则参观市内高校、博物馆等感受大学氛围和历史文化。在每次考察前,学生需做好充分准备,包括了解考察地点背景、设计课题、准备工具等。考察过程中,学生以小组为单位进行活动,通过观察、记录、讨论等方式深入了解考察对象,并遵守纪律、保持环境卫生。考察结束后,学生需完成填写"考察记录表"或撰写小论文等成果展示任务,总结自己在考察中的表现和收获。这一课程不仅注重学生的实践体验和自主性培养,还通过小组合作和讨论等方式增强了学生之间的互动和交流,培养了学生的团队合作精神和跨学科能力。

（一）ZJH 同学的个性行为记录

表 6-14　ZJH 同学的个性行为记录(部分)

一级指标	二级指标	行为描述	教师
个性特征	利他性	他在本学期年级外出学农考察时,帮助学农基地修好了所有的电脑,获得了基地老师的赞赏,荣获"学农标兵"。	ZL
个性特征	责任感	本学期他在学校秋季运动会参赛时右腿受伤,但是为了班级的接力他强忍疼痛,稍作休息就负伤上场,帮助班级获得了冠军。	ZL
思维	敏捷性	他在化学课上思维敏捷,和老师一起学习扎气球,制作有机化合物的气球作为教具,协助老师完成有机化学的教学。	ZL
个性特征	责任感	他在本学期担任学校第十届科技节学生讲座活动组组长,组织了数十场讲座,获得同学们好评,接受《上海市学生报》的采访。	ZL
个性特征	责任感	学校委任他管理饭票打印机,我看到他每天都在那里维持秩序。	ZL
个性特征	利他性	今天我的电脑坏了,他闻讯后帮我来修电脑,我的电脑很快恢复了正常。	ZL

（续表）

一级指标	二级指标	行为描述	教师
个性特征	利他性	本学期他负责了年级各类活动的技术支持、市德育展示的 PPT 制作和技术支持，以及学校智慧校园系统和餐票系统的维护。他发挥自己信息技术方面的特长，建设学校导航页。	YJ
个性特征	热情性	今天特需答辩，他主动客串主持人，帮助同学们准备播放 PPT，主持过程中还有自己的临场发挥。	LLL
个性特征	热情性	今天特需答辩，主动客串主持人，帮助同学们准备播放 PPT，主持过程中还有自己的临场发挥。	WCG
注意	注意转移	课堂上只要电脑出现故障，他就会立刻从认真听讲切换到“助教模式”，帮助师生解决电脑问题。	PJ

根据 ZJH 同学的个性记录卡，我们可以看出他有以下特点：

第一，利他性强。在年级外出学农考察时，帮助学农基地修好了所有电脑，获得赞赏；日常生活中，多次帮助他人修理电脑；负责年级各类活动的技术支持，为学校德育展示、智慧校园系统和餐票系统提供技术支持，建设学校导航页；在课堂上，只要电脑出现故障，他就能立刻从认真听讲切换到“助教模式”，帮助师生解决问题。

第二，他责任心强。在学校秋季运动会参赛时右腿受伤，但为了班级荣誉强忍疼痛继续参赛，助力班级获得冠军；担任学校第十届科技节学生讲座活动组组长，成功组织多场讲座，获得好评；被学校委任管理饭票打印机，每天维持秩序。

第三，他思维敏捷。在化学课上表现出敏捷的思维，与教师共同制作有机化合物的气球作为教具。

第四，热情洋溢。在特需答辩中主动客串主持人，帮助同学们准备 PPT，并有出色的临场发挥。

ZJH 同学是一个利他性强、责任感重、思维敏捷的学生，且具有电脑方面的特长，帮助修电脑，管理学校的智慧校园系统。

（二）社会实践活动述评示例

结合社会实践活动对学生的要求和该同学的个性行为特点，带队教师给予了以下评价：ZJH 同学在社会实践活动方面展现出了卓越的能力和出色的个性品质。他具备强烈的利他精神，无论是在学农考察时主动帮助基地修好电脑，还是在日常生活中频繁为他人解决电脑问题，都体现了他乐于助人、无私奉献的优秀品质。这种利他性不仅让他赢得了广泛的认可和赞赏，更为他参与社会实践活动奠定了坚实的基础。他充分展现了优秀的个人品质和团队协作能力。

此外，ZJH 同学在学农期间中还积极参与了其他各项活动，与同学们共同劳作、学习，展现了良好的团队协作精神和集体荣誉感。他的表现不仅赢得了基地老师和同学们的赞赏，更为自己积累了宝贵的社会实践经验，为未来的成长和发展奠定了坚实的基础，也因此荣获了“学农标兵”的称号。相信在未来的社会实践活动中，ZJH 同学将继续发扬这种精神，为社会做出更多的贡献。

第六节　社团课程中的学业述评实践

《简明文化人类学词典》将社团定义为“一种具有特定目标的社会组织”，并说明，其基本特征是“有一定的目标组织形式，有着内部的心理互动。如有共同的兴趣、价值观、信仰、态度”等。[①] 学生社团展现出自发性、探索性和实践性的鲜明特征。学生们基于共同的理想追求、兴趣爱好自发组建社团，并积极参与社团活动。这一过程不仅有助于他们塑造健全的人格，还能激发自我探索的热情和创新能力，同时提升他们的组织协调、实践及社会适应能力。社团不仅是学生因兴趣而起的

① 陈国强.简明文化人类学词典[M].杭州：浙江人民出版社，1990：281.

自我教育与成长的起点，也是学校教育实践中的一项明智选择，对推动素质教育发挥着积极的作用。

学生在社团活动中的表现评价是一个多维度且综合的考量体系，其核心特点主要体现在以下三个方面。

首先，评价标准多元化。这涵盖了团队合作能力，评估学生能否与团队成员有效沟通并协作解决问题；创新思维与创造力，考查学生能否提出新颖想法，推动社团活动创新；领导才能，衡量学生是否具备组织管理能力，引领团队前行；集体观念及合作精神，关注学生是否积极参与社团活动，具备强烈的集体荣誉感；实践能力，判断学生能否将课堂所学应用于实践之中。

其次，评价方式多样化。社团指导教师或负责人通过直接观察记录学生的表现，社团成员之间互相评价以增进了解，学生自我反思以发现自身优缺点，同时，借助作品、表演、比赛等成果展示来全面评价学生的综合表现。这些评价方式共同构成了对学生表现的立体评价。

最后，评价结果具有显著的激励性。对于表现优异的学生，给予正面激励和表扬，如颁发荣誉证书、奖励学分等，旨在激发学生的积极性和创造力；对于表现有待提升的学生，提供具体、建设性的反馈和建议，帮助他们明确改进方向；同时，评价注重学生的个性化发展，鼓励学生根据自身兴趣和特长在社团活动中发挥更大作用。这一评价过程不仅是对学生过去表现的总结，更是对其未来发展方向的指引。

因学校深度致力于对学生个性潜能的跟踪研究，并坚定秉持"尊重个性，挖掘潜能"的办学理念，学生社团不仅成为学生们展现自我风采、实现个人志向的广阔舞台，同时也是教师们观察、发现并精心培养学生优势潜能的重要场域。为更好地践行这一理念，学校明确要求社团指导教师须细致跟踪观察每名学生，紧密结合学生的个性特点，深入挖掘并激发他们的优势潜能。在此基础上，指导教师们还会进行深入的学业述评，旨在通过对学生学习过程的全面回顾与评估，进一步促进学生的个性化发展与综合素质提升。这一系列的举措共同构成了一个全方位、多层次的学生成长支持系统。以下我们将以学校炫音管乐团为例，详细呈现乐团教师对两位学生的学业述评实践。

一、乐团概况

上海市实验学校炫音管乐团自2011年成立以来，已发展成为一支在上海乃至全国具有显著影响力的学生乐团。乐团由六十余名初高中学生组成，致力于培养艺术人才，打造精品乐团。历经多年发展，炫音管乐团不仅在专业音乐厅举办了多场专场音乐会，还多次受邀参加各类艺术节和庆典活动，展现了高水平的演奏技巧和良好的艺术风貌。在市、区级重要比赛中，乐团屡获殊荣，包括浦东新区学生艺术节一等奖、上海市优秀管乐团队展演银奖等。乐团演奏形式丰富多样，既有交响管乐的合奏，也有长笛二重奏、铜管五重奏等；曲目选择广泛，既有经典作品，也有流行歌曲和高难度曲目。学校对乐团的发展给予了高度重视和支持，提供了先进的排练厅和演出设备，以及必要的经费和资源保障。因学校无音乐特长生招生制，学生文化课成绩尚可，但管乐演奏水平参差不齐，乐团成员超过六成为音乐零基础学生。

学校的管乐课程体系涵盖了声部专业课程与乐团合排课程，旨在全方位促进管乐团的建设与发展。学生需集体参与声部专业课程的学习以及乐团合排课的实践，这一模式确保了团队协作与个体技能提升的同步进行。在评价体系上，多年来，管乐课程与其他社团保持一致，采用社团积分制度进行综合评价，旨在激励学生参与和进步。

然而，近年来，管乐课程的实施面临了诸多挑战。无论是声部专业课程还是乐团合排课程，都因学生能力的参差不齐而难以高效推进，教学质量难以得到有效保障。这种状况不仅影响了专业水平较高的学生的进一步发展，也导致基础较弱的学生学习动力不足，学习兴趣逐渐减退。为了应对这一困境,学校需要探索更加灵活多样的教学模式和评价机制,以更好地适应学生的个体差异,激发学生的学习兴趣,从而推动管乐团的持续健康发展。

二、优化乐团评价机制:引入分层分级评价与个体述评

为了应对这一困境,学校可以探索更加灵活多样的教学模式和评价机制。其中,分层分级评价与个体述评相结合的评价新模式或许能够成为解决问题的关键。

(一)分层分级评价

根据学生的实际水平和能力,将管乐团成员划分为不同的层级或小组,并针对不同层级或小组制订相应的教学计划和评价标准。这样,每个学生都能在自己适合的层级或小组中得到充分的锻炼和提升,避免了因水平差异过大而导致的课程效率低下问题。同时,不同层级或小组之间的交流和竞争也能激发学生的学习兴趣和动力。

(二)个体学业述评

除了分层分级评价外,乐团引入个体述评机制。即对每个学生进行个性化的评价和反馈,指出其在声部专业课程和乐团合排课程中的优点和不足,并提出具体的改进建议。这种个体化的评价方式能够让学生更加清晰地认识自己的实际情况,从而有针对性地调整学习策略和方法,实现更有效的学习。

通过实施分层分级评价与个体述评相结合的评价新模式,学校可以更加全面地了解每个学生的实际情况和需求,从而提供更加精准的教学评价和指导。这将有助于激发学生的学习兴趣和动力,提升管乐课程的教学质量和效率,推动管乐团的持续健康发展。

三、学业述评支架

结合学校个性卡记录系统中的“个性维度一级指标”（包括记忆、思维、注意、情绪、认知风格、创新性人格、个性特征、情绪问题、异常行为以及特殊能力）与炫音管乐团不同声部对成员水平等级的具体要求，我们为每位乐团成员量身定制详尽的学期末表现述评，着重评估并突出了他们在音乐能力这一特殊能力上的成长与成就。

（一）基于“个性维度一级指标”述评举例

表 6－15　基于个性维度的述评要点分析

个性维度	述评要点
记忆	评估学生在音乐记忆方面的表现，如对乐谱的快速记忆和长期保持能力。
思维	考查学生在音乐理解和创作过程中的逻辑思维能力、批判性思维能力以及音乐想象力。
注意	衡量学生在演奏时能否保持高度集中的注意力，以及对外界干扰的抵抗能力。
情绪	评估学生在音乐演奏中的情感投入、情感表达以及情绪调节能力。
认知风格	分析学生在音乐学习中的偏好，如听觉型、视觉型或动手实践型等。
创新性人格	考查学生在音乐创作和演奏中是否敢于尝试新事物，具有创新人格特征等。
个性特征	评估学生的性格特点，如自信、坚韧、乐观等，以及这些特质如何影响其在乐团中的表现。
情绪问题	关注学生在音乐学习和演奏过程中可能出现的情绪波动或情绪障碍，如焦虑、紧张等。
异常行为	留意学生在乐团活动中是否有异常行为表现，如过度兴奋、沉默寡言等，以及这些行为对乐团氛围的影响。
特殊能力	特别关注学生在音乐方面的特殊才能，如音乐感知力、音乐记忆力、音乐创造力等，这些能力对于乐团成员来说至关重要。

(二) 学期末表现述评示例

在构建炫音管乐团声部成员的学期末表现述评体系时，我们深度融合了学校个性卡记录系统中的“个性维度一级指标”，旨在全面而精准地评价每位成员在各自声部中的成长与进步。此外，还结合不同声部对成员水平等级的具体要求，并将“特殊能力”中的音乐能力作为关键评估要素，以期通过细致的述评，不仅展现成员们的音乐才华，还能为他们的未来发展提供有益的指导。

以某位木管声部成员为例，该生在“记忆”一级指标上表现出色，能够快速准确地记忆乐谱，并在演奏中保持稳定的记忆状态；在“思维”一级指标上，展现出卓越的音乐理解能力和想象力，能够深入解读乐谱，并在演奏中融入自己的理解和情感；在“特殊能力”方面，音乐感知力和创造力尤为突出，为乐团的演奏增添了独特的色彩。同时，该生在“团队协作”方面也表现出色，能够积极与团队成员沟通协作，共同推动乐团的发展。通过这样的述评方式，我们不仅能够全面了解每位乐团成员在“个性维度一级指标”上的表现，还能够深入挖掘他们在音乐方面的特殊才能和潜力，为他们的未来发展提供有针对性的指导和建议。

四、乐团学业述评实践案例

(一) 对传统文化着迷、保持好奇心的 Y 同学

1. Y 同学的个性记录卡

根据 Y 同学的个性记录卡(表 6 - 16)，他展现出显著的创造性人格，思维天马行空，不仅在艺术上喜欢随机创作乐曲，还敢于尝试新的想法，如要成为上海市第一个完成某项物理实验的人；同时，他具有强烈的好奇心与探索性，对传统文化也深感兴趣，经常刨根问底并深入探究。此外，Y 同学还表现出丰富的想象力和深刻的思维，喜欢阅读哲学和古代医学类书籍，善于辩论并能用逻辑性的语言表达自己的想法。

表 6-16 Y 同学的个性记录卡(部分)

一级指标	二级指标	行为描述	教师
创造性人格	尝新性	小 Y 同学思维天马行空,艺术上,他喜欢随机创作乐曲,学科上,他曾经提到要做上海市第一个完成某项物理实验的人。比较有自己的想法。	YL
思维	批判性	热爱中国文化,旅游和阅读都只关注国内,比较排斥国外的各类事物。对故去伟人很怀念。软玻璃上压着孔子和刘备的照片。	ZJ
创造性人格	探索性	对传统文化很感兴趣,每次课后都会给我解说他作品的内涵。	ZW
个性特征	想象力	想象力丰富,对周围的事物充满好奇,也喜欢刨根问底地询问为什么,觉得周围的事物很有趣。	LY
思维	深刻性	喜欢自己看一些哲学类、古代医学类的书籍,喜欢思考、辩论,在表述中会举例子,会用理论说服别人,语言表达有一定的逻辑性。	LY
创造性人格	好奇心	对书本中的知识喜欢刨根问底,并且运用到日常生活中,把生活中看到的现象拿来询问老师,探究里面的原因和知识。	LY

2. Y 同学的个性行为描述

Y 同学拥有极为突出的创造性人格,好奇心旺盛。他不仅敢于在艺术上随机创作乐曲,还热衷于尝试各种乐器,无论是自学新乐器,还是根据乐团需要换到关键岗位,都展现出极强的探索精神。他对任何乐器都充满好奇,看到别人的百年钢琴就想上手弹奏。此外,Y 同学还自己与同学组建乐队,进行原创歌曲创作,这种种行为都充分体现了他旺盛的好奇心和非凡的创造力。

3. Y 同学的学业述评

Y 同学展现出了丰富多彩的个性特点,这些特点在他的学习和乐团参与中都有所体现,为他的学业表现增添了独特的色彩。

一是他的创造与探索精神引领学业发展。Y 同学在创造性人格方面表现突出,他的尝新性、探索性和好奇心共同构成了他学习生涯的重要动力。他敢于在艺术领域进行随机创作，乐于挑战新物理实验，并不断探索传统文化的内涵。这种勇于探索未知、不断创新的精神，使他能够在学习中持续保持兴趣与热情，不断寻找新的学习方法和路径。在乐团中，Y 同学会尝试新的演奏技巧和曲目，以独特的方式展现音乐的魅力，为乐团带来新鲜感和活力。

二是 Y 同学思维活跃且具备批判性思维。Y 同学的思维活跃，具有深刻的批判性和广阔性。他善于思考、辩论，并能用例子和理论来支持自己的观点，这使得他在学习和乐团中都能表现出色。

在学业上，Y 同学的批判性思维有助于他深入理解所学知识，能够从不同的角度和层面去分析和解决问题。这种能力使他在处理复杂问题时更具优势，能够更好地应对学习中的挑战。在乐团中，他的批判性思维可能会使他在音乐选择上更加注重曲目的深度和内涵，以及乐团的合作默契度，从而提升乐团的整体表现。

三是 Y 同学想象力丰富，有助于艺术创造。Y 同学的想象力丰富，这使得他在艺术领域有着得天独厚的优势。他能够将所学知识与实际生活相结合，不断探索和发现新的灵感来源。在乐团中，他的想象力可能为他带来独特的演奏风格和表演技巧，使他在乐团中脱颖而出。他也可能会尝试用不同的方式演绎曲目，为观众带来全新的视听体验。

综上所述，Y 同学是一个具有创造力、思维活跃且具备批判性思维的优秀学生。他在乐团中的表现同样出色，能够为乐团带来新鲜感和活力。建议 Y 同学在未来的学业中继续保持这种积极的学习态度和创造精神，不断探索新的学习方法和路径。同时，他也应该注重与他人的交流与合作，共同提升乐团的整体表现。在未来的学习和生活中，相信 Y 同学能够不断发挥自己的优势，取得更加优异的成绩。

（二）内核稳定、高度责任心的 J 同学

1. J 同学的个性记录卡

这份记录卡汇聚了来自语文、地理、英语、数学、信息技术以及物理

等多领域教师的观察与反馈，他们分别从各自的专业视角出发，记录下J同学在课堂内外的认知风格、特殊能力、思维特点、注意、记忆等多方面的个性特征。通过这些细腻而丰富的记录，我们得以窥见J同学在学习态度上的专注与热情，在团队合作中的领导力与协作精神，在面对挑战时的坚韧与乐观，以及他独有的沉稳和淡定的性格特点。

表6-17　J同学的个性记录卡

个性维度一级指标	个性维度二级指标	行为描述	记录的老师
认知风格	场依存—场独立	经常能对讨论的话题做出理性分析，语言表达能力也较强。	WYT
特殊能力	音乐能力	担任音乐课代表，会钢琴和大提琴，在音乐课的各种展示中给班级同学很多好的建议。	YM
思维	深刻性	能够运用课上所学知识，进行深入思考，并提出有价值的问题	CKQ
注意	注意稳定性	项目创作的时候，能将所有注意力聚焦到创作中，持续整个学期。	LLL
思维	灵活性	做项目的过程中，经常在老师教学的基础上加上自己的想法和创意，完成一个新作品。	LLL

行为池的项目赋分也特别有特点，都是右端最高分。这说明他的特点比较鲜明。（见表6-18）

表6-18　J同学的行为池记录卡

一级指标	二级指标	行为池项目	记录教师
注意	注意稳定性	上课时，不会被周围的声音干扰。	YL
思维	深刻性	经常提出与学科有关的有质量、有价值的问题。	ZAL
注意	注意稳定性	上课能够一直跟着老师的思路，专心听讲。	CKQ
情绪	情绪强度	遇事从容淡定。	CKQ
记忆	持久性	能够引经据典，出口成章。	YM

（续表）

一级指标	二级指标	行为池项目	记录教师
思维	灵活性	能够对知识活学活用，举一反三。	CKQ
思维	深刻性	能够使用逻辑性强的思维导图梳理学习内容。	LLL
思维	灵活性	能够对知识活学活用，举一反三。	LLL
认知风格	场依存—场独立	能够主动自觉完成任务。	LLL

2. J同学的个性特点描述

根据J同学的个性卡记录，我们发现他在认知风格、特殊能力、思维、注意力特点上有独特优势。

（1）认知风格

J同学具有场独立的特点，能够理性分析讨论的话题，并且语言表达能力较强。这表明他在处理信息和做出决策时，倾向于依赖自己的内部参照，较少受到外界因素的影响。

（2）特殊能力

J同学在音乐方面表现出色，具备音乐能力。他担任音乐课代表，会演奏钢琴和大提琴，并在音乐课的各种展示中给班级同学提供很多好的建议。这显示了他在音乐领域的天赋和才华。

（3）思维特点

J同学能够运用课上所学知识进行深入思考，并提出有价值的问题。这表明他具有较强的思维深度和洞察力，能够挖掘问题的本质和内在联系。

在做项目的过程中，J同学经常在老师教学的基础上加上自己的想法和创意，完成一个新作品，显示了他思维的灵活性和创新性，能够迅速适应新情况并产生新的想法。J同学在演奏过程中能够一通百通，不仅限于自己熟悉的乐器，还能在打击乐声部中灵活运用所学，展现出创新思维和灵活应变的能力。这种思维灵活性使得他在音乐创作和演奏中不断突破自我，追求卓越。

（4）注意力特点

J同学具有注意稳定性的特点，在项目创作时能够将所有注意力聚焦到创作中，持续整个学期。这表明他具有较强的专注力和毅力，能够长时间保持对任务的关注和投入。

（5）团队合作

J同学作为乐团打击乐声部的声部长，每次外出演出都能组织声部同学带好工具，确保演出顺利进行。J同学带领打击乐声部同学获得过全国打击乐展演的金奖，这不仅是他个人演奏水平的体现，更是他领导力和团队合作精神的展现。他能够激发团队成员的积极性和创造力，共同为团队的目标努力，取得优异的成绩。

综上所述，J同学的个性特点包括场独立的认知风格、出色的音乐能力、深刻的思维特点（包括思维深度和洞察力）、灵活的思维以及稳定的注意力。这些特点共同构成了他独特的个性轮廓。

3. J同学的学业述评

J同学是一位极具组织能力和理性思维的优秀学生。在乐团中，他担任打击乐声部的声部长，每次外出演出都能有条不紊地组织声部同学，确保大家带好鼓棒等工具，展现出了他出色的组织才能。这种能力不仅源于他个性中的场独立特点，更体现在他实际行动中的细致与周到。

同时，J同学展现出了一通百通的才华。虽然他进乐团之前主要学习的是大提琴和钢琴，并没有打击乐的演奏经历，但他能够迅速适应打击乐声部并出色地完成表演。这种跨领域的适应能力，正是他思维灵活性和深刻性的体现，使他在面对新的挑战时，能够迅速找到解决问题的方法，并将其转化为自己的优势。

此外，J同学的演奏水平高超，他凭借自己的努力和才华，带领打击乐声部同学获得了全国打击乐展演的金奖。这一成就不仅是对他个人演奏技艺的肯定，更是对他领导能力和团队协作精神的赞誉。

综上所述，J同学是一位极具潜力和才华的学生，他的个性特点和乐团表现都充分展示了他的优秀品质。相信在未来的学习和生活中，他将继续保持这种积极向上的态度，取得更加辉煌的成就。

这种基于个性化数据的学业述评，不仅提升了综合活动的评价科学性与公平性，还帮助教师和学生更有效地利用每一次活动机会，促进学生在实践中全面成长，培养其应对多变环境和复杂任务的综合能力。

第七节　基于学科素养述评的学生综合素质报告

在当今教育体系中，学生综合素质的培养与评估日益成为衡量教育成效的重要标尺。本节旨在通过学科素养和关键能力述评这一核心视角，深入剖析学生在不同学科领域的学业表现，进而实现对学生综合素质的全面而细致的评价。学科素养不仅是对学生知识掌握程度的考察，更是对其思维能力、学习方法及问题解决能力的综合评价。因此，从分科学业述评出发，我们不仅能够清晰地勾勒出学生在各学科中的具体表现，还能够深入挖掘发现其优势潜能与潜在挑战。

一、关于学生综合素质报告的说明

在学科教师开展的学科学业述评中，我们充分尊重学生的个体差异，细致分析每位学生在特定学科中的优势所在，如敏锐的数学逻辑思维、良好的语文阅读理解能力、流畅的英语听说能力等，这些优势不仅体现了学生个人特质的闪光点，也是促进其持续学习与成长的重要动力。同时，我们也不避讳地指出学生在某些学科上的短板，无论是基础知识掌握的不牢固、解题策略的缺乏，还是学习动力的不足，都将成为我们后续指导与干预的着力点。

本节报告的意义在于，它超越了单一学科成绩的简单汇总，立足于学科素养的广阔视野，结合学生的优势潜能与学科表现，构建了一个多维度、全方位的综合素质评价体系。通过这样的评价，我们不仅能够为学生个体提供精准的学习诊断与发展建议，还能为教育者制定个性化教学方案、优化教学内容与方法提供科学依据。最终，我们的目标是促进每一位学生的全面发展，帮助他们在各自的道路上发现自我、成就自我，成为具有深厚学科素养与广泛综合素质的新时代人才。

二、学生综合评价报告示例[①]

在当今多元化发展的教育环境中，对学生的综合评价显得尤为重要。本报告旨在全面、客观地反映 A 同学在学习成绩、综合素质、社会实践、创新能力及道德品质等多方面的表现，同时特别关注他的个性特点和在学科核心素养、学科关键能力上的表现。

A 同学是我校×年级×班的一名学生，他性格开朗，善于与人交往，拥有强烈的责任心和团队合作精神。在学习上，A 同学始终保持积极向上的态度，善于思考，勇于探索，对新知识有着浓厚的兴趣。他的这些个性特点为他在核心素养的培育上打下了坚实的基础，如批判性思维、信息处理能力、自我管理能力等。

在学科关键能力方面，A 同学展现出了卓越的理解与应用能力，他能够迅速掌握新知识，并将其灵活运用到实际问题中。同时，他还具备出色的问题解决与创新能力，能够在面对复杂问题时，提出独特的解决方案，展现出非凡的创造力。

本报告将结合具体事例和数据，从多个维度对 A 同学进行综合评

① 备注：关于 A 同学的综合评价报告，课题组的教师们根据多位学生的实例进行了整合，并不是学校某一学生的真实数据。目的是呈现完整的评价报告结构，供读者和教师们参考。

价，不仅关注他的学业成绩，更看重他在综合素质、个性特点、学科核心素养以及学科关键能力上的全面发展。我们期望通过这份报告，为A同学未来的学习、生活和职业规划提供有益的指导和建议，助力他在未来的道路上取得更加辉煌的成就。

A同学综合评价报告

尊敬的A同学及家长：

在过去的学期中，A同学在各个学科领域都展现出了卓越的学术表现和积极的个人品质。以下是根据A同学的日常行为表现，结合学科核心素养和学科关键能力的评价维度，给出的综合评价。

学术表现：

1. 语文学科：A同学在语文学习中表现出了出色的语言运用能力和批判性思维。他能够深入理解文本，展现出对文学作品的深刻鉴赏力。在写作和阅读方面，A同学能够灵活运用所学知识，创作出具有个人风格的作品。

2. 英语学科：A同学在英语学习中展现了出色的听说能力，能够有效地进行跨文化交际。他在语言知识与运用方面的进步显著，能够灵活运用英语进行信息交流和学术研究。

3. 数学学科：A同学在数学学习中表现出了扎实的数学思维能力和问题解决能力。他能够熟练构建数学模型，并通过逻辑推理解决复杂问题。

4. 艺术学科：A同学在艺术学科中展现了非凡的创造力和表现能力。他的作品充满了个人风格，能够深刻地表达情感和思想。

5. 体育：A同学在体育学科中展现了良好的身体素质和健康意识。他在各项运动技能和技巧上都有均衡的发展，并且在运动参与和态度上表现出积极和热情。

6. 科学：A同学在科学学科中展现出了深厚的科学知识积累和高

水平的理解能力。他能够积极参与科学探究,展现出良好的科学思维和实践操作能力。

7. 综合活动课程:A 同学在综合活动课程中展现出了全面的知识理解和思维能力。他能够有效地将理论与实践相结合,展现出强大的实践能力和创新能力。

在对 A 同学的个人品质进行评价时,我们注意到了他在日常学习和生活中展现出的一系列积极特质。这些特质不仅反映了他的学术潜力,也揭示了他的个性和情感发展。以下是对 A 同学个人品质的详细评价,这些评价基于他在创造性人格、个性特征、记忆、情绪、认知风格、思维、特殊能力和注意力等方面的具体表现。通过这些评价,我们可以更全面地了解 A 同学作为一个独立个体的独特之处,以及他如何在学校环境中发挥自己的优势。

1. 创造性人格:A 同学展现出了强烈的好奇心和探索性,勇于尝试新事物,具有较高的自我效能感。

2. 个性特征:他表现出了良好的计划性和价值开放性,乐于助人,具有谦逊和热情的个性。

3. 记忆:A 同学在记忆方面表现出持久性和敏捷性,能够准确记住关键信息。

4. 情绪:他的情绪反应速度和感受性良好,能够快速调整情绪,保持良好的情绪倾向性。

5. 认知风格:A 同学表现出场独立和审慎型的认知风格,能够独立思考并深思熟虑。

6. 思维:他的思维具有独特性、广阔性和灵活性,能够批判性地分析问题。

7. 特殊能力:A 同学在空间几何、美术和音乐方面展现出了显著的特殊能力。

8. 注意:他能够很好地分配注意力,具有广泛的注意广度和较强的注意稳定性。

总结：A 同学是一个全面发展的学生，他在学术和个人品质方面都表现出了卓越的潜力。他的积极参与、创新思维和团队合作精神使他成为同学中的佼佼者。我们对 A 同学的未来充满期待，并相信他将在学术和个人成长的道路上取得更大的成就。

在探索基于个性潜能识别的学业述评方法于学科教学中的应用之旅中，我们不仅深化了对个性潜能与学业发展之间复杂而微妙关系的理解，更通过一系列生动具体的实践案例，见证了这一理念如何在实际教学中落地生根，开花结果。学科教师们通过精准识别学生的个性潜能，结合学科学业质量标准，评价学生在不同学习阶段各学科核心素养的达成情况，更在此基础上，进行了富有针对性的学业评价和反馈，有效推动了"教—学—评"一体化的实施。这一过程中，教师们不仅关注学生的学业成绩，更重视挖掘并尊重每个学生的独特潜能，通过制定个性化的教学策略，激发了学生的内在学习动力，实现了真正意义上的因材施教。

随着教育理念的不断革新，我们有理由相信，当个性潜能识别与学业述评在学科教学中深度融合，教育的面貌将会发生更加深刻而积极的变化。这不仅是对学生个体潜能的最大尊重，更是对教育本质的深刻回归。因此，让我们带着这份收获与启示，继续前行，在教育的广阔天地里，不断探索、实践、创新，共同书写属于每个学生的独特成长篇章。

第七章　结论与展望

本章旨在总结关于个性潜能识别与学业述评的实践经验，并展望这一领域未来的发展方向。通过对上海市实验学校的研究，本章探索了个性潜能识别与学业述评体系的建设，特别是多维度评价方法在教育中的应用与效果。这一体系帮助教师提升评价素养，使他们能够更全面地识别学生的潜能，提供个性化的指导建议。同时，协同育人机制的引入也进一步强化了学校、家庭和社会的合作，为学生的成长提供了更为系统的支持。展望未来，随着大数据和人工智能技术的应用，个性化学业述评将更加精准、高效，推动因材施教的全面落实。

第一节　研究发现

通过对上海市实验学校个性潜能识别与学业述评的研究与实践，我们取得了若干重要的发现，并验证了个性化学业述评的科学性与可操作性。

一、个性潜能识别的多维性

本研究通过构建一个综合性的个性发展跟踪平台，集成了心理测评、学科成绩、兴趣调查等多维度的数据，旨在更全面地识别和发掘学生的个性潜能。我们发现，学生的潜能识别并不仅仅局限于他们的学术表现，还涵盖了更多领域。具体而言，学生的思维特点、创新意识、情感调节能力、特殊能力等多方面都在潜能识别的范畴之内。通过这种多维度的数据分析和交叉评估，我们能够更深入地了解学生的个性发展轨迹，发现他们在学术之外的潜力和优势，进而为其提供更加个性化的成长和发展建议。

二、学业述评的过程性与发展性

在学业述评体系中，评价不仅局限于对最终学术成绩的考察，而是更加注重对学生整个学习过程的跟踪与分析。通过全过程的评价，教师可以动态地观察和记录学生的学业进展和成长轨迹，从而提供持续、个性化的反馈与指导。这样的评估方式使得教师不仅能够了解学生在知识掌握上的进步，还能够识别他们在学习过程中的努力程度、参与度、问题解决能力、合作精神等关键发展性因素，帮助教师在早期就发现学生在学习中的困难与挑战，及时介入，提供有针对性的帮助或调整教学方法，以促进学生的更好发展。

学业述评的发展性体现在其强调学生在多个维度上的成长，而不仅仅是对某一时刻表现的评价。发展性述评关注学生的思维方式、创新能力、情感态度等方面的持续进步，这意味着即使学生在某个时间点的成绩并不理想，教师仍然会关注他们的潜力和进步空间。通过定期的反馈与评估，学生能够看到自己的成长，了解自己的优势与需要改进的领域，从而增强自信心和学习动力。

三、教师的多维评价能力提升

在项目研究与实践的过程中，教师们通过系统化的培训、持续的反思与实地研究，不断提升他们的学业述评能力与综合评价素养。通过这些努力，教师逐渐掌握了多维度、多角度评估学生的技能，能够更为全面地观察和分析学生的表现，更加精准地识别学生的个性潜能。这不仅帮助教师们从传统的单一成绩评价模式转向更具综合性和科学性的评价方式，还使他们能够更加敏锐地发现和发掘学生在学业以外的潜力与特长。

其次，教师在日常教学与项目研究中通过不断反思与实践，提升了学科核心素养与多维度评估方面的专业能力。他们能够结合学科核心素养的要求，从多个维度、多个层次去观察学生的学习态度、思维能力、创新意识、问题解决能力、情感调控以及合作能力等方面的表现。这一过程不仅帮助教师看清学生在学术成绩背后的潜在能力，还促使他们更好地识别和理解学生个性化的学习需求和成长轨迹。

此外，教师们逐渐发展出了更具前瞻性的评估视角，能够将学科知识的掌握与学生的综合素质培养结合起来。借助科学合理的评估工具和多维的评价标准，他们不再只关注学生在课堂内的表现，还能够通过学生的课外表现、实践活动、创新项目等多样化的情境，综合评价学生的学业水平和个性发展。

具体来说，教师们在学业述评中更加注重把握学生的核心素养和个性特点。核心素养是学生适应未来社会发展所必需的关键能力和品质，包括批判性思维、创新能力、信息素养、沟通合作等。教师在评价过程中，不仅关注学生的学科知识掌握情况，还重视他们在这些核心素养方面的表现和发展。同时，教师也充分考虑到学生的个性特点，如兴趣爱好、学习习惯、思维方式等，为学生提供更加个性化的指导和支持。这种将核心素养与个性特点相结合的评价方式，有助于教师更全面地了解学生的成长需求和发展潜力，为他们制定更加科学、合理的教育方案。

通过项目的研究与实践，教师不仅在技术层面提升了自己的评估能力，还在教育理念和评价素养上得到了深化与提升，能够更好地运用多维度的评价方法，为每个学生提供个性化的指导和支持，从而推动学生全面健康地发展。

四、协同育人的有效实践

通过个性发展跟踪平台的引入与使用，以及全员导师制的全面推行，学校成功建立了班主任、学科教师以及家长之间的协同育人机制。这一机制不仅增强了教师之间的合作，还加强了学校与家庭之间的沟通，共同为学生的成长提供了更系统化、多维度的支持。

在协同育人机制下，班主任、学科教师、导师和家长能够紧密合作。班主任作为学生日常管理的核心人物，能够全面了解学生的日常表现和行为习惯，学科教师则通过学科教学深入掌握学生在不同领域中的学术进展和思维发展。导师对学生的兴趣、情感、个性特征有独到的观察，并作为学业述评的联络人，对其负责的学生进行全面关注。这三方及时共享信息，能够在学生的不同表现方面形成相互印证，从而更全面地了解学生的个性特点、学业表现与成长需求。

不同教师之间的合作与共同评估，极大地提升了评价的客观性和全面性。在传统的评价体系中，教师往往只关注自己学科内的情况，评价的视角相对单一。在协同育人的机制下，教师可以跨学科进行沟通，分享学生在不同学科中的表现与潜力，以及需要关注的异常情况，可以更精准地对学生进行综合评估。这种合作不仅避免了由于单一视角带来的评价偏差，也让教师们能够从多维度更准确地把握学生的全方位发展。

通过共享的反馈机制，各方能够及时了解学生的进展和需要改进的地方，反馈内容不仅限于学科成绩，还涵盖了学生的学习态度、合作能力、思维发展、情感调节等方面。学科教师可以将课堂上的表现与班主任和家长共享，而家长也将家庭环境中的观察反馈给教师，帮助他们在教学中调整策略，因材施教。这种信息的双向流动，使得学生的成长在家庭和学校两个场景中都能得到有效的支持与促进。

此外，协同育人机制的另一大优势在于，个性化教育与全面发展得到了更有力的推动。通过共同的努力，班主任、学科教师、导师和家长能够更加精准地识别学生的优势与不足，从而为每个学生设计更加个性化的发展路径。教师们能够根据学生的潜能发展情况调整教学策略，提供定制化的学习支持；家长也能根据学校反馈，进一步帮助孩子在家庭环境中强化某些能力或品质。这样一来，学生不仅在学术上获得进步，在思维能力、创新精神、情感发展和社交技能等多个方面也能得到全面的培养和提升。

协同育人机制为学生提供了一个多维度的支持系统，不仅提高了教育评价的客观性和科学性，还为学生的全面发展奠定了坚实基础。教师之间的合作与反馈共享，班主任、学科教师和家长共同努力，使学生的个性化成长得到了更系统、深入和持续的关照，有效促进了学生在学术、人格和能力上的全方位发展。

第二节　研究难点与困境

学业述评研究作为教育领域的一个重要课题，旨在通过对学生学业表现的全面评价，为教学改进和学生发展提供有力支持。然而，在实际研究中，学业述评研究面临着诸多难点和困境，以下是对这些难点和困境的详细分析。

一、研究难点

第一，评价标准的制定。学业述评研究在制定评价标准时面临巨大挑战，因为需要兼顾学生个体差异、学科特点及教育环境的多样性，以构建一套科学、合理且可操作的评价体系，该体系需涵盖知识掌握、能力发展、情感态度等多个维度，并能准确评估学生的实际学业水平。

第二，数据的收集与处理。学业述评研究需要大量的数据支持，包括学生的学习成绩、作业完成情况、课堂表现、课外活动参与等。然而，这些数据的收集往往受到多种因素的限制，如数据记录不完整、数据质量不高等。数据的处理也是一个复杂的过程，需要运用统计学、数据挖掘等技术手段进行分析和解读。

第三，研究方法的创新。学业述评研究需要不断探索新的研究方法和技术手段，以提高研究的准确性和有效性。然而现有的研究方法往往存在局限性，如问卷调查法可能受到主观因素的影响，质性研究的数据收集和处理过程相对低效等。因此，如何在传统研究方法的基础上进行创新，成为学业述评研究的一个难点。

二、研究困境

学业述评面临着一些困境，这些困境不仅影响了评价的准确性和有效性，也对教育教学的改进和学生个人发展构成了挑战。

第一，理论与实践的脱节。学业述评研究往往停留在理论层面，缺乏与实际教学实践的紧密结合。一些研究成果虽然具有较高的理论价值，但难以直接应用于教学实践中，导致理论与实践脱节。如何在理论指导下开展实践研究，将研究成果转化为实际的教学改进措施，是学业述评研究面临的一大困境。

第二，评价体系的完善。学业述评研究需要构建一个完善的评价体系，包括评价内容、评价方法、评价周期等多个方面。然而，现有的评价体系往往存在不足，如评价内容过于单一、评价方法不够科学等。完善评价体系需要综合考虑多个因素，如学科特点、学生需求、教育政策等，这是一个复杂而漫长的过程。

第三，评价标准的统一性与多样性之间的矛盾。尽管我们认识到学生个体差异的重要性，但在实际操作中，如何平衡评价的标准化与个性化，确保评价既能反映学生的共同基础，又能体现其独特性和发展潜力，是一个亟待解决的问题。

第四，评价过程的时效性与持续性。学业述评需要定期进行，以跟踪学生的学习进展，但频繁的评价可能会增加师生的负担，影响正常的教学秩序。同时，如何确保评价结果的持续有效性，使之能够成为指导教学和学生自我提升的可靠依据，也是一大考验。

第五，评价结果的反馈与利用不足。即便制定了科学的评价标准并完成了评价过程，如果评价结果没有得到有效的反馈和利用，那么评价本身就失去了意义。如何将评价结果转化为具体的教学改进策略，以及如何激励学生根据反馈进行自我调整，是当前学业述评实践中的一大难点。

最后，教育资源的限制、技术与方法的应用限制也是制约学业述评发展的一个方面。虽然现代教育技术的发展为学业述评提供了新的可能，如大数据分析、人工智能辅助等，但这些技术的应用需要的专业知识和技能，以及足够的资源支持，对于许多学校来说仍然是一个挑战。学业述评研究需要充足的教育资源支持，包括人力、物力、财力等。然而，在实际研究中，往往存在教育资源不足的问题，如研究人员数量有限、研究经费紧张等。这些限制条件可能导致研究无法深入进行，或者研究结果受到一定程度的影响。

综上所述，学业述评在追求科学性和有效性的道路上，仍需克服多方面的困境，包括评价标准的统一性与多样性、评价过程的时效性与持续性、评价结果的反馈与利用，以及技术与方法的应用限制等。当然，学业述评研究在面临诸多难点和困境的同时，也在不断探索和发展中。未来，随着教育技术的不断进步和教育理念的不断更新，相信学业述评研究将取得更加丰硕的成果。

第三节　未来趋势与发展方向

在个性潜能识别与学业述评领域，随着教育理念的不断革新与科技的快速发展，未来的发展趋势与方向将呈现出更为多样化、智能化和个性化的特点，主要集中在以下几个关键方面。

一、数据驱动的个性化评估

随着大数据和人工智能技术在教育领域的深入应用，个性潜能识别与学业述评将更加依赖数据驱动的个性化评估。未来，教育机构将通过对学生学习过程中的行为数据、学术成绩、课堂参与度、在线学习活动等进行全面的数据采集和分析，形成学生的多维画像。基于这些数据，教师能够更准确地识别学生的个性潜能，发现他们的优势领域与发展空间，从而为学生制订更加个性化的学习计划和发展路径。

例如，教师可以通过大数据分析，发现某一学生在解题思路、语言表达或团队合作方面有特别的天赋，并根据这些发现为该学生提供专门的提升课程或发展建议。这种个性化评估将不仅限于学术层面，还会涵盖学生的情感发展、社交能力、创新意识等方面，帮助学生全方位发挥潜能。

二、智能化与自动化评价工具的普及

随着智能化和自动化评价工具的普及，学业述评的工作流程将更加高效与便捷。通过人工智能驱动的评估平台，教师可以实时追踪学生的学习进展，自动生成个性化的评价报告。智能评估工具能够分析

大量复杂的学生学习数据，包括作业完成情况、考试结果、在线互动表现等，甚至可以通过自然语言处理技术分析学生的作文或语言表达能力。

这些工具不仅减轻了教师的工作负担，还能通过大数据技术和算法模型预测学生未来的学习表现和发展趋势。教师通过这些智能工具能够识别学生的学习短板，提供及时的反馈，并帮助他们制定相应的改进策略，实现个性化的教育支持。

三、全人发展的综合评价体系

未来的学业述评将逐步从单一的学科成绩评价走向一个更加关注全人发展的综合评价体系。这一体系不仅仅考查学生的学术表现，还会关注他们的情感发展、社会责任感、合作能力、创造力、领导力等多方面素养。教育的目标不再仅仅是培养考试成绩优异的学生，而是全面发展、具备多种能力的未来公民。

这种评价体系将引入更多元的评价标准和工具，例如社会情感学习评估、创造力测试、团队合作能力评估等，帮助教师和家长全面了解学生的个性发展与综合能力。这将促使教育评价更加立体和多维，不再局限于某一时间点的分数，而是动态跟踪学生的长期成长。

四、个性化学习路径的支持与反馈

未来的教育体系将更加重视个性化学习路径的构建与支持。基于学生的个性潜能识别和学业述评结果，教师和学校能够为每个学生量身定制个性化的学习路径。这种个性化的学习路径不仅根据学生的学术表现，还会结合学生的兴趣、潜能和个性发展特点，为他们提供定制化的学习资源和指导。

例如，对于数学天赋突出但对文学兴趣较弱的学生，教师可能会推荐他们参与更高级别的数学竞赛或项目，同时在文学学习中采用更适合其兴趣的内容和方法。这种定制化的学习路径将极大地激发学生的学习兴趣和内在动力，帮助他们在各自的优势领域实现卓越发展。

五、跨学科、跨角色的协同评价

未来的个性潜能识别与学业述评将越来越多地依赖于跨学科、跨角色的协同评价。不同学科的教师、班主任、家长以及学校外部的专业机构将共同参与学生的评估和发展支持。这种多方协作的评价方式不仅能提供更加全面的学生发展画像，还能帮助各方形成合力，共同为学生的成长制定最佳策略。

教师之间可以分享学生在不同学科中的表现，共同讨论学生在不同情境下的潜力与不足；家长则可以提供家庭环境中的观察，帮助学校更好地了解学生的兴趣和情感需求。这种跨角色的协同机制有助于确保评价的客观性和全面性，为学生的发展提供多维度的支持。

六、注重过程性评价与自我反思能力的培养

未来的学业述评将更加注重过程性评价，即对学生整个学习过程的持续追踪与反馈，而不仅仅依赖于考试成绩或终端评估。这种评价方式不仅帮助教师及时了解学生的学习进展，还能促使学生在学习过程中不断反思和调整自己的学习方法。

通过过程性评价，学生能够看到自己在不同阶段的成长，并获得来自教师的及时反馈。这种持续的反馈机制将鼓励学生主动参与学习过程，发展自我反思和自主学习的能力，提升他们的学习效果和长期发展潜力。

七、社会情感学习(SEL)的融合

未来的个性潜能识别与学业述评体系将更多地融合社会情感学习(SEL)的评价标准。社会情感学习是指学生在情感管理、社会交往、决策制定等方面的能力，它们是学生未来发展中的重要软技能。未来的评价体系将更关注学生的情感调控能力、团队合作能力、领导力等方面的发展，培养他们在复杂社会中自信、负责且积极参与的品质。

未来，个性潜能识别与学业述评的方向将趋向于智能化、数据驱动化、跨角色协同、个性化路径支持和全人发展的综合评估体系。这些趋势将进一步推动教育向着更加精准、个性化和全面发展的方向迈进，帮助学生在各个方面实现自己的潜能和价值。

第四节　结语

本书通过对上海市实验学校的实践研究，系统总结了个性潜能识别与学业述评的理论与实践经验，初步构建了适合一贯制学校的个性化学业述评体系。这一体系的提出，不仅回应了当前教育改革的需求，还为教师、学生和家长提供了全新的视角，促使学业评价不再局限于传统的分数或排名，而是从多维度、多角度去理解学生的独特性和潜能发展。

个性化学业述评体系强调从学生的兴趣、能力、心理特点等多方面入手，综合评估其学业表现和个性成长。通过多维度的评价机制，教师不仅可以通过学业成绩来判断学生的学习效果，还能够捕捉到学生在课堂内外展现的个性特质，如创造力、合作能力、沟通技巧、自我管理等。这种评价方法能够更全面、客观地呈现每个学生的独特发展路径，

帮助教师为学生提供更具针对性的反馈和成长建议，帮助学生认识自身的优势与不足，从而制订更适合其个性发展的学习计划。

个性化学业述评的实施，也离不开家庭和社会的共同参与。家长作为学生成长的重要陪伴者，在此过程中不仅需要了解评价结果，还应积极参与到学生个性发展的支持与引导中来。社会各界的资源，如心理咨询、课外活动、志愿服务等，也可以为学生的个性发展提供丰富的支持。通过家校合作、社会参与，学生可以获得更全面的成长环境，个性化教育也因此得以进一步落实。

未来随着技术的不断进步，人工智能、大数据等现代科技将进一步为个性化学业述评提供有力的支持。依托技术，教师可以更精准地收集和分析学生的学习数据，实时调整教学策略和评价方式，确保每个学生都能够在自己的节奏上成长。此外，个性化学业述评的理论与实践也将在新教育理念的推动下持续深化。教育工作者们将在未来的教育探索中，不断优化个性化评价的体系框架，拓宽实践的应用场景，推动个性化教育走向更加科学化、系统化的方向。

我们期待随着教育研究的持续深入和实践经验的不断积累，未来能够有更多科学的路径与工具，支持个性化教育的发展，让每个学生都能够在适合自己的轨道上健康、快乐地成长，真正实现“因材施教”的教育目标。通过这一不断演进的评价体系，教育将不再仅仅是知识的传授与考核，更是个体潜能发掘与全面发展的平台。这一进步，不仅将为每一位学生提供更多元、更适切的发展机会，也将为社会培养出更具创造力、适应力和责任感的新一代人才。

参考文献

期刊(含网络文章)类：

1. 曹鑫，王丽琴.学业述评改革的区域项目设计与校本化实践[J].浦东教育，2024(3)：10—15.
2. 刘彦文，袁桂林.个性化教育的内涵与特性浅析[J].教育评论，2000(4)：16—18.
3. 冯建军.论个性化教育的理念[J].教育科学，2004(2)：11—14.
4. 崔瑞锋，田东平.个性化教育及教育思想观念的转变[J].教育探索，2004(6)：49—51.
5. 魏春丽，陆如萍.中小学生创新潜能识别与培育的实践模型建构[J].中国基础教育，2024(10)：55—60.
6. 余胜泉，汤筱玙.智能时代的人才培养模式改革与创新[J].开放教育研究，2024，30(3)：45—52.
7. 杨道宇.教师教学述评论纲[J].山西大学学报(哲学社会科学版)，2022，45(5)：142—148.
8. 姚娟.中小学教师教学述评的价值定位与实践路径[J].教学研究，2023，46(2)：18—24.
9. 钟铧，钟立华，徐立明.学业述评：概念、缘由、制度与认识误区[J].基础教育研究，2023(9)：24—26，36.
10. 王彧皎，秦文波，李洪兵.述评花开：指向个性成长的教学述评实践[J].今日教育，2023(6)：35—38.
11. 董博清，霍素君.学生学业发展水平评价体系的研究与思考——以河北省义务教育评价为例[J].河北师范大学学报(教育科学版)，2018，20(4)：123—128.
12. 朱忠琴.教师教学述评的内涵、价值和实践路径[J].人民教育，2023(2)：43—46.
13. 张竹林，夏旖.聚焦教学述评全要素探索师生发展新路径——上海市奉贤区开展中小学教师教学述评的实践探索[J].人民教育，2023(20)：33—36.

14. 张楚，吴支奎.教师教学述评制度的价值意蕴与实践限度[J].教师教育论坛，2022，35(04)：22—25.
15. 刘绿芹，李润洲.学业述评：日常学生评价的理性追求[J].中国教育学刊，2022(9)：32—39.
16. 鞠锡田.学业述评基本问题初探[J].山东教育，2024(Z2)：48—50.
17. 吴樱花.学科育人视域下中小学教师跨学科学业述评探析[J].中学教学参考，2023(6)：55—58.
18. 教育部.普通高中研究性学习实施指南(试行)[J].中小学管理，2001(Z1)：6.
19. 刘荣飞，王洁.学业述评：概念框架，现实挑战与对策建议[J].全球教育展望，2023，52(6)：38—48.
20. 薛琪，张新平.对教师撰写学生学业述评的认识与建议[J].中小学管理，2022(2)：54—56.
21. 上海市教育科学研究院普教所课题组.研究性学习的理论与实践[J].上海教育科研，2002(S1)：17.
22. 毛景焕.课堂评价的新视点：关于如何通过评价教师促进教师对学生评价的研究[J].教育理论与实践，2003，23(3)：27—31.
23. 王凯.问题与对策：对我国当前基础教育学生评价状况的思考[J].当代教育论坛，2005(10)：31—35.
24. 邢利红.指向改进的学生过程性评价结果应用探究[J].教学与管理，2024(30)：105—108.
25. 郑东辉，毛玮洁.论教师评价伦理素养的培育[J].教师教育研究，2024，36(5)：16—21.
26. 郝琦蕾，梁金淼，李广海.学生发展增值评价研究的回顾、反思与展望[J].现代教育管理，2024(7)：63—73.
27. 宋跃.转向“整体的人”的学生评价：内涵、动因与实践路径[J].教育理论与实践，2024，44(19)：26—31.
28. 李彭超，阳俭，赵娟.普通高中学生综合素质评价体系的建构与实施[J].人民教育，2024(10)：57—60.
29. 王殿军.以学生为中心的综合评价[J].中国考试，2024(1)：17—19.

30. 王平.基于育人目标的小学生综合评价体系初探[J].中国教育学刊,2023(12):100.

31. 朱德全.新时代基础教育评价改革如何通向学生的美好未来?[J].教育科学研究,2023(10):1.

32. 安富海.学生发展增值评价:理论阐释与实践进路[J].教育研究,2023,44(9):64—75.

33. 朱忠琴.教师教学述评的内涵、价值和实践路径[EB/OL].[2024-11-20]https://baijiahao.baidu.com/s?id=1760511420827581683&wfr=spider&for=pc.

34. 任春荣.促进学生全面发展的评价旨向与关键要素[J].人民教育,2023(7):40—44.

35. 谢秋平,张晓东.学生评价改进的实践探索[J].思想政治课教学,2023(1):77—79.

36. 方凌雁.综合实践活动课程学业述评的设计与实施[J].中小学管理,2024(11):52—54.

37. 陈昌照.小学综合实践活动学业述评的价值与实施[J].教学与管理,2024(26):15—19.

38. 刘绿芹,喻峥惠.数学学业述评的基本内涵、过程机理及实施要点[J].基础教育课程,2024(3):82—89.

39. 朱呈炜.学业述评视域下的科学思维评价驱动式教学:以“宇宙航行”为例[J].中学物理,2024,42(15):7—11.

40. 陈昌照.小学综合实践活动学业述评的价值与实施[J].教学与管理,2024(26):15—19.

41. 李建伟.指向阅读质量提升的学业述评实践[J].中学语文教学参考,2023(28):66—68.

42. 苏启敏.评价素养:班主任核心素养的必要视域[C]//“未来班级与班主任核心素养和能力”学术研讨会暨第二届“教育科学研究”学术论坛论文集.2016:80—89.

43. 刘绿芹.学业述评视域下作业批改的内涵重构与实践优化[J].教学与管理,2022(28):26—29.

44. 丛文.关于“学生学业述评”的思考与架构[J].牡丹江教育学院学报,2021(3):112—113.

45. 刘荣飞，王洁. 学业述评：概念框架、现实挑战与对策建议[J]. 全球教育展望，2023，52(6)：38—48.

学位论文：

1. 席文哲. 核心素养背景下义务教育学校学业述评内容构建研究[D]. 赣州：赣南师范大学，2023.
2. 孙晓翠. 新时代教育评价改革背景下中职学校学生学业述评研究[D]. 济南：山东师范大学，2024.

文件(含在线)：

1. 国家中长期教育改革和发展规划纲要工作小组办公室.国家中长期教育改革和发展规划纲要(2010—2020 年)[EB/OL]. [2010 - 07 - 29] 中华人民共和国教育部政府门户网站 (moe.gov.cn).
2. 新华社.中共中央　国务院印发《深化新时代教育评价改革总体方案》[EB/OL]. [2020 - 10 - 13] https://www.gov.cn/gongbao/content/2020/content_5554488.htm.
3. 上海市教育委员会. 上海市中小学生全员导师制工作方案[EB/OL]. [2008 - 08 - 04] https://www.shanghai.gov.cn/gwk/search/content/78fd57e4cf62423e8654a365f5b75a87.
4. 中华人民共和国教育部.义务教育语文课程标准(2022 年版)[M].北京：北京师范大学出版社，2022.
5. 中华人民共和国教育部.普通高中语文课程标准(2017 年版 2020 年修订)[M].北京：人民教育出版社，2020.
6. 中华人民共和国教育部.教育部关于印发《中小学综合实践活动课程指导纲要》的通知[D/OL]. [2017 - 09 - 27] http://www.moe.gov.cn/srcsite/A26/s8001/201710/t20171017_316616.html.

图书：

1. 彭聃龄. 普通心理学 (修订版)[M]. 北京：北京师范大学出版社，2001.
2. 中国社会科学院语言研究所词典编辑室编. 现代汉语词典(2002 年增补本)[M]. 北京：商务印书馆，2002.

3. 陈国强.简明文化人类学词典[M].杭州:浙江人民出版社,1990.

4. 黄光扬.教育测量与评价[M].上海:华东师范大学出版社,2012.

5. John B. Biggs, F. 科利斯,等.学习质量评价[M].北京:人民教育出版社,2010.

6. 陈玉琨.教育评价学[M].北京:人民教育出版社,1999.

7. 杨向东,崔允漷.课堂评价:促进学生的学习和发展:for Learning and Student Development[M].上海:华东师范大学出版社,2012.

8. 葛炳芳.高级中学综合实践活动研究性学习教程[M].杭州:浙江大学出版社,2006.

9. 吴孟帅.全面而个性化的评价:大数据下中小学师生数据化管理和评价指南[M].福州:福建教育出版社,2022.

10. 李玉芳.多彩的学生评价[M].北京:教育科学出版社,2009.

11. 苏启敏.价值反思与学生评价[M].北京:北京师范大学出版社,2010.

12. 苏启敏,陶燕琴.学生评价[M].北京:北京师范大学出版社,2023.

后 记

本书是众多教育同仁智慧与支持的结晶。在上海市实验学校个性潜能识别与学业述评的实践中，我们深入探索了个性化教育的实施路径，致力于将每位学生的潜能发掘与学业发展紧密结合，不仅推动了学术研究的进步，更促进了教育实践中的深刻反思与持续改进。这一过程中的每一点进步与收获，都离不开教育专家、教师团队及科研工作者的辛勤付出与鼎力支持。

特别感谢上海市实验学校校领导团队，为我的研究提供了极为宽松的氛围和坚实的学术支持。作为学校科研室主任，我深感荣幸能在这片沃土上开展工作，学校给予了我充分的信任与责任，使我得以在基础教育一线的研究中积累经验，随时随地访谈一线教师，深入了解教育实践的真实情况。这点滴进步都与学校良好的科研氛围以及校领导对科研工作的高度重视密不可分。此外，学校支持我前往北京师范大学深造，攻读博士学位，进一步提升了我的专业素养与科研能力，为本书的撰写奠定了坚实的基础。在此，再次向上海市实验学校校领导团队表示最诚挚的感谢！

特别感谢上海市浦东教育发展研究院王丽琴博士课题组的鼎力支持。作为本项目的坚强后盾，王博士领衔的 2023 年度上海市教育科学研究项目“全员导师制背景下教师学业述评要素建构和校本制度创新研究”(项目编号:C2023196)为我们的研究提供了有力的学术指导和理论支撑。作为该项目的实验校，我们对“全员导师制背景下学校述评制度的构建与实施”进行了研究，本书作为研究的总结，是该项目的阶段性成果，同时也是浦东新区教育科学研究 2024 年区级重点课题“基于个性跟踪记录的中小学学业述评实践研究”(课题编号:2024A01)的研究成果。研究过程中，在教师项目培训、学业述评维度建构等关键学术问题上，王博士及其团队给予了我们充分的帮助，为项目的顺利开展奠定了坚实的基础。

感谢我的博士生导师——北京师范大学教育管理学院苏君阳教授，在本书撰写的过程中，苏教授不仅慷慨地提供了宝贵的意见，还以无比宽容的心态接纳了我这份或许略显粗浅的研究，并亲自为我的首部专著作序。苏教授的亲切关怀与持续不断的勉励，如同灯塔般照亮了我的学术之路，给予了我将日常点滴思考持续记录并深化为文字的勇气和动力。在此，我向苏君阳教授表达最深切的敬意与感激之情。

诚挚感谢上海市实验学校高中部主任朱琳老师和副主任朱潇清、陈珺珺老师带领的班主任和学科教师团队。正是他们以高度的责任心和出色的研究素养，全情投入这一研究项目，才使得研究任务得以圆满完成。他们不仅通过细致的教学实践为项目提供了丰富的素材和数据支持，还积极参与述评体系的优化与探索，特别是为学科学业述评维度把关，确保了研究成果的科学性与实用性。

感谢上海市实验学校科研室魏春丽老师和潘艳老师，她们在本书的撰写过程中，以及在项目研究的各个阶段，给予了我持续而宝贵的帮助。她们以极大的耐心和专业精神，在项目设计、案例收集、校稿等方面提供了细致的支持，使得研究工作得以顺利推进。

特别感谢重庆市南岸区珊瑚中铁小学的施宇校长。施校长不仅为学业述评的研究工作提供了重要的支持与指导，还对义务教育阶段述评维度及框架的优化提出了许多富有建设性的建议。

最后，我要特别向本书的编辑——上海社会科学院出版社的路晓老师致以最深切的感谢。她的专业素养和敬业精神令人深感敬佩。在写作及后续的稿件校对过程中，路老师付出了极大的心血与努力。她的辛勤工作和宝贵意见对本书的完成起到了至关重要的作用。

本书不仅是我们对一贯制学校实践经验的学术总结，更是所有参与者智慧与心血的共同结晶。它旨在作为小学、初中、高中教师进行学业述评时的重要参考。尽管每所学校可能拥有独特的校本述评制度，每位教师也可能秉持着不同的评价视角，但这并不妨碍我们在学业述评这一核心议题上展开深入的研究与探讨。本书希望通过分享我们的实践经验和研究成果，激发更多教育者对学业述评的思考与创新，共同推动教育评价体系的完善与发展。

在此，谨向所有关心、支持并参与此项目的朋友们致以诚挚的谢意！

陆如萍

2024 年初冬于上海市实验学校科研楼